**TRAJETÓRIAS EDITORIAIS DA
LITERATURA DE AUTORIA
NEGRA BRASILEIRA**

Luiz Henrique Oliveira
Fabiane Cristine Rodrigues

TRAJETÓRIAS EDITORIAIS DA LITERATURA DE AUTORIA NEGRA BRASILEIRA

poesia,
conto,
romance e
não ficção

Copyright © Luiz Henrique Oliveira, 2022.
Copyright © Fabiane Cristine Rodrigues, 2022.

Todos os direitos reservados.

ISBN: 978-65-87746-94-4

CAPA, PROJETO GRÁFICO E DIAGRAMAÇÃO
Mário Vinícius

DESIGNER ASSISTENTE
Larissa Rezende

REVISÃO
Josué Godinho

EDIÇÃO
Vagner Amaro

Texto revisado segundo o novo Acordo Ortográfico da Língua Portuguesa. Proibida a reprodução, no todo, ou em parte, através de quaisquer meios.

Dados internacionais de catalogação na publicação (CIP)
Vagner Amaro CRB-7/5224

O48t	Oliveira, Luiz Henrique
	Trajetórias editoriais da literatura de autoria negra brasileira: poesia, conto, romance e não ficção / Luiz Henrique Oliveira, Fabiane Cristine Rodrigues. — Rio de Janeiro: Malê, 2022.
	260 p.; 23 cm.
	ISBN 978-65-87746-94-4
	1. História e crítica literária brasileira. I. Título
	CDD — B869.9

Índice para catálogo sistemático:
1. História e crítica literária brasileira B869.9

2022
Todos os direitos reservados à
Malê Editora e Produtora Cultural Ltda.
www.editoramale.com.br
contato@editoramale.com.br

Não há *griot* que esqueça!
Não há sorte que arrefeça!

(ÉLE SEMOG, 1997, p. 14)

SUMÁRIO

PREFÁCIO:
ENTRE A AUTOEDIÇÃO E O QUILOMBO EDITORIAL — 13

APRESENTAÇÃO — 19

INTRODUÇÃO — 27

1   **Campo literário/campo editorial** — 37

PARTE I
POESIA E NARRATIVA (CONTO E ROMANCE) — 49

2   **Trajetórias editoriais da poesia de autoria negra brasileira: publicações individuais (1859–2020)** — 51
    2.1 **Autoras, autores x obras** — 54
    2.2 **Locais de publicação** — 60
    2.3 **Editoras / iniciativas editoriais** — 65

3   **Trajetória editorial da narrativa de autoria negra brasileira: publicações individuais de contos e romances (1859–2020)** — 73
    3.1 **Autoras, autores x obras** — 76
    3.2 **Locais de publicação** — 82
    3.3 **Editoras / iniciativas editoriais** — 89

**4 Períodos de publicação:
poesia e narrativa (contos e romances)** — 97
   4.1 Poesia — 100
   4.2 Narrativa: conto e romance — 102

PARTE II
NÃO FICÇÃO — 129

**5 Trajetória editorial da produção
não ficcional de autoria negra
brasileira: livros individuais (1906-2020)** — 131
   5.1 Autoras, autores x obras — 137
   5.2 Locais de publicação — 139
   5.3 Editoras / iniciativas editoriais — 141
   5.4 Períodos de publicação x assuntos — 147

PARTE III
A EDIÇÃO — 159

6 Os quilombos editoriais — 161

PALAVRAS FINAIS — 193

   Agradecimento — 197

REFERÊNCIAS — 199

ANEXOS — 207

LISTA DE TABELAS

TABELA 1
Relação autores x quantidade de obras publicadas (poesias) — 56

TABELA 2
Relação entre locais de publicação x quantidade de obras publicadas (poesias) — 65

TABELA 3
Relação editoras/iniciativas editoriais x quantidade de obras publicadas (poesias) — 71

TABELA 4
Relação autores x quantidade de obras publicadas (contos) — 78

TABELA 5
Relação autores x quantidade de obras publicadas (romances) — 79

TABELA 6
Relação entre locais de publicação x quantidade de obras publicadas (contos) — 83

TABELA 7
Relação entre locais de publicação x quantidade de obras publicadas (romances) — 84

TABELA 8
Relação entre editoras/iniciativas editoriais x quantidade de obras publicadas (contos) — 90

TABELA 9
Relação entre editoras/iniciativas editoriais x quantidade de obras publicadas (romances) — 92

TABELA 10
Relação períodos de publicação x quantidade de obras publicadas (poesias) — 102

TABELA 11
Relação períodos de publicação x quantidade de obras publicadas (contos) — 103

TABELA 12
Relação períodos de publicação x quantidade de obras publicadas (romances) — 103

TABELA 13
Relação autores x quantidade de obras publicadas (não ficção) — 139

TABELA 14
Relação entre local de publicação x obras publicadas (não ficção) — 141

TABELA 15
Relação entre editoras / iniciativas editoriais x obras publicadas (não ficção) — 146

TABELA 16
Relação entre décadas x obras publicadas (não ficção) — 156

TABELA 17
Outros Quilombos editoriais — 178

TABELA 18
Publicação de poesias
em quilombos editoriais — 179

TABELA 19
Publicação de poesias
em edições do autor — 182

TABELA 20
Publicação de contos
em quilombos editoriais — 185

TABELA 21
Publicação de contos
em edições do autor — 187

TABELA 22
Publicação de romances
em quilombos editoriais — 187

TABELA 23
Publicação de romances
em edições do autor — 188

TABELA 24
Publicação de não ficção
em quilombos editoriais — 188

TABELA 25
Publicação de não ficção
em edições do autor — 189

LISTA DE GRÁFICO

GRÁFICO 1
PIB e vendas ao mercado -
crescimento real:
número índice — 155

PREFÁCIO

**ENTRE
A AUTOEDIÇÃO E
O QUILOMBO EDITORIAL**

> *Mesquinho e humilde*
> *livro é este*
> *que vos apresento, leitor.*
> *Sei que passará entre*
> *o indiferentismo glacial de uns*
> *e o riso mofador de outros,*
> *e ainda assim*
> *o dou a lume.*
> MARIA FIRMINA DOS REIS
> 1859

As palavras em epígrafe, oriundas de nossa primeira romancista negra, remetem a tempos e mentalidades marcadas pelo preconceito em que se fundamentou a opressão de gênero também no campo da literatura. Situação esta agravada pela desumanização decorrente de séculos vividos sob o taco da chibata senhorial e de seus muitos pelourinhos, físicos e psíquicos. Da combinação entre patriarcado e escravatura construiu-se um país onde vozes/escrituras femininas e, sobretudo, negras tinham que enfrentar a indiferença e o escárnio para grafar no papel suas angústias e esperanças, seus versos e estórias tão próximas de nosso retrato em preto e branco. E pagar caro pela ousadia que irá destinar seus nomes e escritos ao poço fundo do esquecimento. Nem por isto se calaram, persistiram. E publicaram, em patente desafio ao arquivo literário oficial, só nas últimas décadas do século XX posto em questão por olhos e ouvidos atentos aos escritos negros de agora, mas também aos de um passado que para muitos ainda não passou.

Assinado por Luiz Henrique Oliveira e Fabiane Cristine Rodrigues, o presente volume, empenhado em situar, analisar e demarcar estatisticamente a trajetória editorial da produção literária negra em nosso país, chega na hora certa. Nestas primeiras décadas do século XXI, assistimos a um vertiginoso crescimento desta vertente de nossas letras, não só em termos de publicações e editoras voltadas para a questão, mas, em especial, do grande contingente de jovens leitoras e leitores empenhados não apenas em fruir tais textos, mas também em se tornar sujeitos de uma criação poética, prosaica ou ensaística. Dos microfones do *slam* ao texto digital e, mesmo impresso; das graduações, mestrados e doutorados aos artigos, monografias, dissertações e teses; e das experiências em coletâneas, como os *Cadernos Negros* e tantas outras, ao livro autoral, não são poucas as vozes e falas voltadas para a inscrição literária de suas vivências, reflexões, angústias, sentimentos e fantasias.

No momento em que escritos de Conceição Evaristo, Cuti, Carolina Maria de Jesus, Oswaldo de Camargo, Geni Guimarães, Jeferson Tenório, Itamar Vieira Junior e muitos mais se impõem como referência literária para o grande público brasileiro e estrangeiro, e não apenas para a juventude negra, o trabalho de Rodrigues e Oliveira corrobora e confere autenticidade histórica ao mantra *nossos passos vêm de longe*, sempre lembrado por Sueli Carneiro entre outras vozes, como as acima citadas.

O mapeamento parte de duas figuras de grande estatura intelectual e política, ambas vítimas de memoricídio – Maria Firmina dos Reis e Luiz Gama –, e toma como marco 1859, ano em que fazem sua estreia em publicações individuais, a primeira, na ficção, o segundo, na poesia. A partir desse marco significativo, corporificado na relevância de uma narrativa como *Úrsula* – além de abolicionista, primeiro romance publicado por uma mulher negra em toda a lusofonia – e dos poemas reunidos em *Primeiras trovas burlescas de Getulino* – pioneiro em todos os sentidos da melhor poesia afro-brasileira –, o presente estudo faz um amplo levantamento da atividade editorial voltada para escritos de autoria afrodescendente, englobando poesia, conto, romance e não ficção.

E volta ao passado de lupa na mão, a computar autores, autoras, publicações, gêneros e casas editoriais, muitas delas ainda desconhecidas, verdadeiros *quilombos editoriais*, na feliz designação crítica presente na parte final do livro. Mas vai além: à exatidão das estatísticas agrega informações de relevo a propósito do ambiente político e cultural dos períodos em que se divide a cartografia elaborada com esmero, a computar também a geografia da produção literária do período, com destaque para cidades, estados e regiões. E, mais de uma vez, faz emergir a verdade obviamente crua, ligada à hegemonia do eixo Rio/São Paulo, com os indicadores de produção e consumo praticamente definindo quais autores e obras irão figurar no grande arquivo da literatura nacional. E dos números e estatísticas cuidadosamente elaboradas, vê-se como o fator econômico chega a assumir os rumos das leituras de milhões de pessoas e figurar como poderoso arconte, a definir o que irá para as estantes da "alta literatura"... e os que restarão esquecidos no regaço nem sempre atento das literaturas regionais e/ou das chamadas "minorias".

E isto não é de hoje, mas desde sempre.

Chega, pois, em boa hora a pesquisa que desnuda em números os mecanismos operacionais da indústria do livro no Brasil. E que irá, certamente, contribuir para não apenas melhor compreendermos o fenômeno envolvendo quem pode e quem não pode publicar seus escritos, bem como chamar nossa atenção de leitores para os processos e procedimentos de superação desses obstáculos históricos.

EDUARDO DE ASSIS DUARTE
Universidade Federal de Minas Gerais
Coordenador do Portal **literafro**

APRESENTAÇÃO

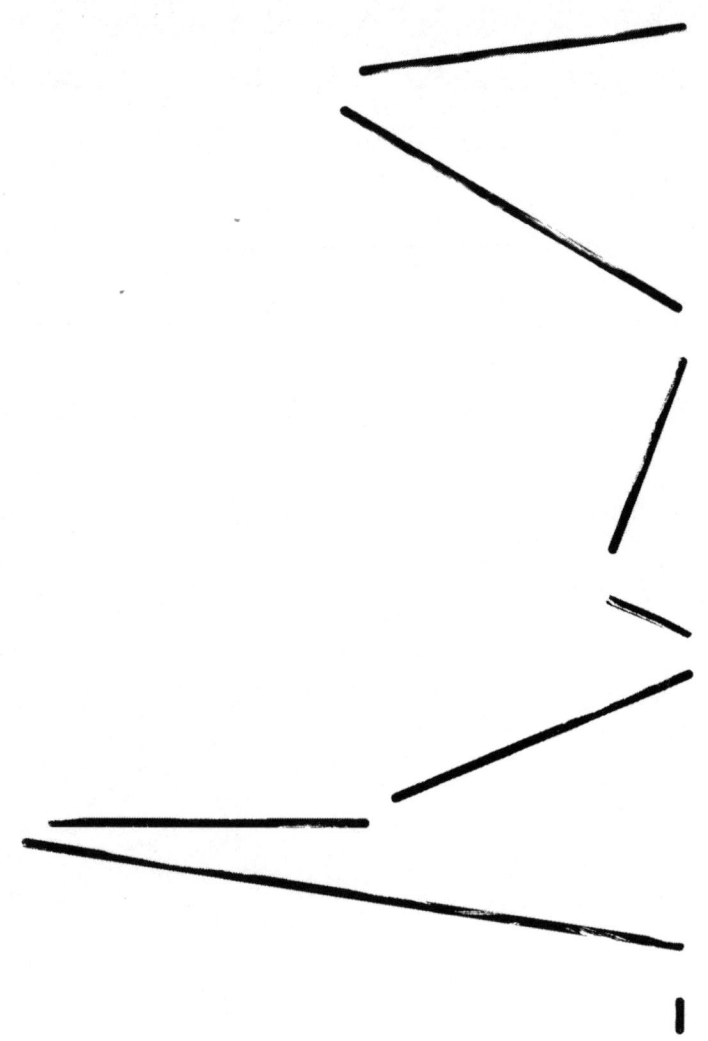

Esta pesquisa nasceu formalmente no ano de 2014. Desde então, temos nos dedicado a compreender as dinâmicas editoriais da literatura de autoria negra. Para isso, diversas etapas foram executadas a fim de perceber o cenário de nosso interesse.

 No referido ano, iniciamos o projeto *Percursos do romance afro-brasileiro: redes editoriais, linhagens e procedimentos*, com apoio do CEFET-MG e do CNPq, na modalidade iniciação científica. Durante o ano de 2015, fomos a campo. A proposta desta pesquisa foi estudar a trajetória evolutiva do romance afro-brasileiro a partir da análise do papel das redes de edição para a consolidação e permanência desta linhagem narrativa em nossa literatura. Por redes de edição entendemos o papel da imprensa negra, responsável por formar diversos intelectuais e escritores; os coletivos e séries literárias, como o Quilombhoje e os Cadernos Negros, respectivamente, os quais reuniram escritores experientes e jovens em mais de quatro décadas de edições; as publicações dos próprios autores, as quais parecem destoar das linhas de atuação de editoras comerciais; e o apoio de editoras especializadas no campo da literatura de autoria negra brasileira.

Para elaborar as linhagens evolutivas, pretendíamos estudar parte do *corpus*, tentando encontrar parâmetros que nos permitissem agrupar os textos. Debatíamos se as especificidades do gênero seriam o melhor critério do que a divisão temporal ou mesmo os enredos. Já com o objetivo de caracterizar os procedimentos constitutivos de cada linhagem, fizemos diversas leituras, fichamentos e análises literárias. Nossa pesquisa era, portanto, prioritariamente bibliográfica, embora também se valesse de depoimentos e entrevistas com romancistas e editores negros.

Contudo, ao final do período de realização do PIBIC, o volume de informações só crescia. O diminuto prazo para a conclusão da pesquisa e a dificuldade de obtenção das fontes (dos livros) fizeram com que cumpríssemos parcialmente os objetivos. Mesmo assim, conseguimos percorrer o intervalo de 1859 até 2014. Assim, optamos por justificar a mudança de rumos da investigação, ao priorizarmos o recorte numérico em detrimento das demais possibilidades de análises. Publicamos na esfera científica nossos resultados parciais e estávamos certos de duas coisas: de que, periodicamente, teríamos que atualizar os dados, porque a produção a que nos referimos estava em significativo processo de crescimento; e de que encontraríamos autores e escritos do passado ainda não conhecidos pela crítica. Acabou ficando em aberto estudar os procedimentos e linhagens dos romances de autoria negra. Ainda assim, estávamos em dívida com os estudos quantitativos envolvendo os demais gêneros da produção literária de autoria negra brasileira.

Um ano mais tarde, de agosto de 2015 a julho de 2016, obtivemos novo apoio do projeto *literafro – fase 2*, financiado pela Fapemig. O coordenador do referido projeto, professor Eduardo de Assis Duarte (UFMG), ofereceu todo suporte e acesso a materiais do portal. Enquanto contribuíamos com a modernização do **literafro** (www.letras.ufmg.br/literafro), empreendíamos nosso recorte de pesquisa, qual foi o projeto *Por uma história editorial da literatura afro-brasileira (1859-2020): romance, conto, poesia e não ficção*. Pudemos aumentar nossa base de dados e cotejar nossas informações com aquelas disponíveis pela equipe do professor Eduardo de Assis.

A proposta àquela altura foi aprofundar os estudos da história editorial da literatura afro-brasileira, a partir da focalização nos gêneros romance e conto. No primeiro caso, queríamos assegurar os números de nossa pesquisa anterior. No segundo, tornava-se imperativo compreender o universo do conto e compará-lo com o romance, a fim de melhor visualizar as dinâmicas de publicação de cada um dos gêneros. Nossa metodologia estava bastante solidificada e partimos para o levantamento de autores e obras, com base nestes gêneros e dentro desta linhagem literária, desde o ano de 1859 até o ano de 2015. A partir de então inserimos nas tabelas de Excel, além dos dados de autoria, título da obra, ano de lançamento e casa ou iniciativa editorial, o seguinte parâmetro: período histórico. Isso porque os acontecimentos sociais e políticos impactavam diretamente as dinâmicas de publicação da literatura de autoria negra. Como, portanto, desconsiderar esta dimensão analítica?

Pudemos melhor compreender a trajetória evolutiva do romance e do conto afro-brasileiros. Os levantamentos permitiram ainda analisar o papel histórico das redes de edição de autores negros para a consolidação e permanência destes romances e contos em nossa literatura. Analisamos a nossa série por meio da metodologia relacional entre levantamento de dados e diálogo com o contexto cultural, tal como fora utilizado por Laurence Hallewell, em *O livro no Brasil*: sua história (1988), e Márcia Abreu e Aníbal Bragança, em *Impresso no Brasil*: dois séculos de livros brasileiros (2010). Do ponto de vista dos estudos numéricos, estávamos profundamente tocados pelos trabalhos de Regina Dalcastagnè, mais especificamente *Literatura brasileira contemporânea: um território contestado* (2012).

No ano seguinte, 2017, o cenário político se mostrava bem desanimador. Após a diminuição de recursos, já no governo de Michel Temer, optamos por estudar a poesia, no mestrado da Fabiane Rodrigues. Uma vez afinada a metodologia, faltava levantar os dados e analisar as tabelas. A dissertação, intitulada *Por uma história editorial da poesia negra/afro brasileira*, foi defendida, em 2019, no Programa de Pós-Graduação em Estudos de Linguagens do CEFET-MG, sob orientação do professor Luiz Henrique Oliveira, e alcançou menção honrosa no Prêmio Antonio Candido/Anpoll 2021 e no Dirce Côrtes Riedel/ABRALIC 2021.

No embalo destes avanços, também pudemos estudar a produção não ficcional de autoria negra, desde que escrita por autores também ficcionistas. O recorte ajuda a lançar luz no cenário editorial pelo qual nos interessamos e melhor compreender os projetos dos escritores. Muitos transitam pela ficção e não ficção. Caberá a outro momento estudar apenas os ensaístas e para além de suas publicações em livros individuais.

Por fim, acolhendo sugestão do professor Dr. Eduardo de Assis Duarte, decidimos inserir uma seção para analisar especificamente o papel das editoras negras ou quilombos editoriais (cf. OLIVEIRA, 2018). Sentimos, portanto, que era hora de estender nossos resultados até o ano de 2020 e compartilhá-los com a editora Malê, que tão generosamente acolheu este livro. O material que o leitor tem em mãos resulta, pois, de nossos esforços nos últimos anos.

LUIZ HENRIQUE OLIVEIRA
FABIANE CRISTINE RODRIGUES

INTRODUÇÃO

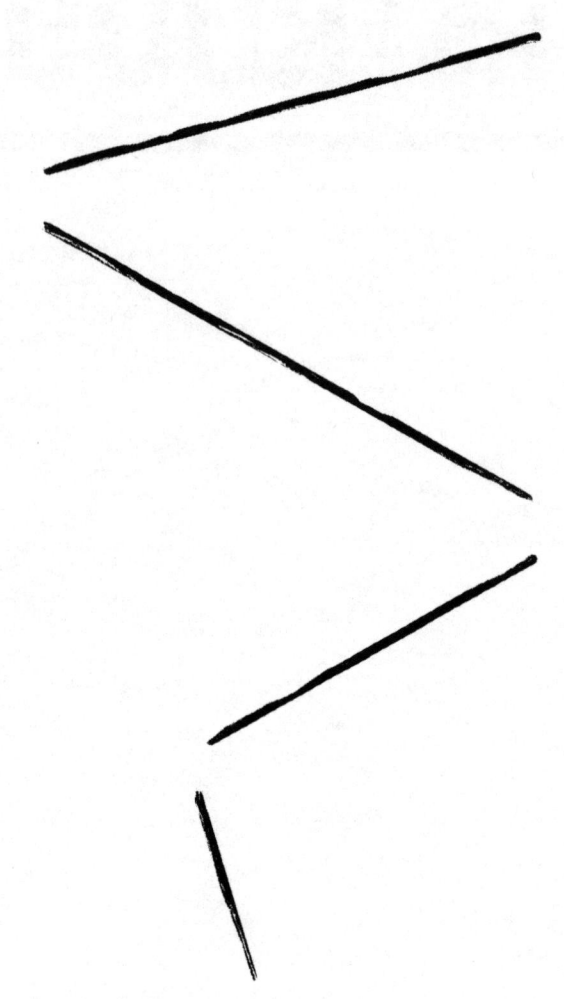

Este livro se propõe a estudar parte das trajetórias editoriais da literatura de autoria negra brasileira. Para tanto, consideramos quatro vertentes: a poesia, o conto, o romance e a não ficção (produzida por autores de ficção). Do ponto de vista temporal, consideramos o intervalo de 1859 até 2020, quando finalizamos nossos levantamentos. Cada gênero estudado possui um marco inicial específico, quando listamos as primeiras publicações. Consideramos ainda as dinâmicas sociais, históricas e culturais que viabilizaram e/ou dificultaram a materialização e circulação de tais gêneros literários.

Segundo Ferreira (2010), o termo **edição** pode ser utilizado para descrever uma "publicação literária" ou a "atividade de um editor". Bragança (2005, p. 222), por sua vez, define que o papel do editor de textos é dar à luz o livro impresso, [...] torná-lo publicamente conhecido, isto é, difundido, distribuído, consumido e lido". Ao longo deste estudo, os termos "produto editorial" ou "produção editorial" foram utilizados para se referir, portanto, aos impressos em formato de livro e que foram "tornados publicamente conhecidos" por meio de editoras, de iniciativas editoriais ou mesmo através dos próprios autores.

Definido qual tipo de produção é o foco de nossa discussão, é oportuno relembrar, ainda que brevemente, como ocorre a representação do negro na literatura brasileira. Dentre vários estudiosos, Proença Filho (2004) distingue dois posicionamentos específicos: a condição como objeto, que ocorre na literatura *sobre* o negro; e a condição como sujeito, que ocorre na literatura *do* negro. A principal diferença entre as representações, na visão do crítico, é a reivindicação de uma identidade própria a partir do fazer literário, conforme acontece no segundo caso.

As perspectivas literárias *sobre* o negro e as produções literárias *do* negro são decisivas para a compreensão das variações epistemológicas em torno das produções aqui denominadas literatura de autoria negra. Optamos por trabalhar com a noção de "autoria negra" por acreditarmos que desta dimensão derivam posicionamentos e intencionalidades que direcionam as demais. Embora reconheçamos as especificidades dos termos "literatura afro-brasileira", "literatura negra" ou "literatura negro brasileira", evitamos tais nomenclaturas para porque elas poderiam trazer ruídos semânticos e um debate infrutífero aqui – embora relevante na cena social. Ao optarmos pela "autoria negra", conjugada com outras dimensões, reconhecemos, ao mesmo tempo, a especificidade desta vertente artística como fenômeno de século XX e o papel de precursores fundamentais atuantes no século XIX.

Os parâmetros que servem como base para este livro são aqueles estabelecidos por Eduardo de Assis Duarte (2010, p. 122). O pesquisador define a literatura afro-brasileira (para nós, literatura de autoria negra) a partir de textos que apresentam autoria, temática, linguagem, ponto de vista e formação de leitores culturalmente identificados com a afrodescendência, como fim e começo. Para o referido estudioso, a temática tem o negro como elemento central, não como mero objeto ou acessório, mas com todo o universo que o cerca e o caracteriza como indivíduo. A autoria leva em conta a experiência existencial do sujeito de pele escura. Soma-se a ela o ponto de vista, já que não basta apenas que o produtor do texto seja negro ou afrodescendente: ele deve se afirmar e se posicionar a partir deste lugar de fala, compreendendo aspectos históricos e culturais comuns a esse segmento social. Já o trabalho com a linguagem torna-se relevante a partir de uma discursividade que ressalta ritmos, entonações, opções vocabulares e toda uma semântica própria, empenhada muitas vezes num trabalho de ressignificação que contraria sentidos hegemônicos na língua. Por fim, a formação de um público leitor, marcado pela diferença cultural e pelo anseio de afirmação identitária, compõe, na visão do crítico, a faceta utópica do projeto literário de tal produção.

Desse modo, é possível, simultaneamente, englobar a pluralidade da qual se constituem as produções literárias de autoria negra ou afro-brasileiras e diferenciá-las daquelas que constituem o cânone literário brasileiro, definido, em grande medida, por um padrão etnocêntrico. Ou seja, trata-se de uma literatura que, embora não abandone seus critérios estéticos, assume um explícito posicionamento social, dedicado a dar voz a uma comunidade muitas vezes marginalizada na sociedade brasileira, como aponta Souza e Silva:

> [...] tal situação resulta da forma como a pessoa negra vem sendo tratada na sociedade brasileira desde a escravidão – como coisa ou ser inferior, além da maneira como se realizam as relações étnico-raciais marcadas pela ideologia do embranquecimento, no século XIX, agravada pela concepção do mito da democracia racial, a partir de

> meados do século XX, cujo propósito mascara os conflitos e tensões, acentua a discriminação e o racismo perpetuados nas várias esferas sociais do século XXI. (SOUZA E SILVA, 2017, p. 1)

Os fatores destacados por Souza e Silva (2017) – ideologia do embranquecimento, democracia racial e, posteriormente, racismo, tal como o conhecemos atualmente – contribuíram, e ainda contribuem, para a marginalização da população afrodescendente. Como aponta Antônio Sérgio Alfredo Guimarães (2009), tal marginalização, ou apagamento, não se dá apenas nos aspectos fenotípicos, mas define como será moldada a "brasilidade", ou seja, a nossa ideia de nação. Talvez seja desnecessário relembrar a centralidade da edição como elemento definidor do imaginário nacional.

Guimarães (2009) destaca como a construção discursiva da nação brasileira encobriu ancestralidades que não eram desejadas. Traços étnicos, culturais e estéticos que remetessem à herança africana foram deliberadamente subtraídos em diversos momentos de nossa história. Cuti (2010), ao analisar como este aniquilamento ocorreu e ocorre nas produções literárias, aponta que o apagamento se inicia no instante em que se definem os critérios para a constituição de um *corpus* responsável por representar a chamada *literatura brasileira*.

Os critérios que definirão o que será chamado de literatura brasileira *tout court*, bem como as temáticas, as personagens e os enredos que comporão as suas obras, para além da figura do autor, ajudam a população do nosso país a internalizar uma determinada imagem de nação. Uma forma de compreendermos o impacto da literatura para a formação de um imaginário nacional é, como aponta Cuti (2010), perceber a centralidade do romantismo e do modernismo, enquanto estilos de época, na construção da brasilidade e, além disso, o papel dos escritores e críticos ao evidenciarem as características presentes em tais produções.

Ao refletirmos como essas dinâmicas influenciam as produções artísticas e, mais especificamente, literárias, temos como um dos resultados a dificuldade de se estabelecer uma linhagem criativa voltada para a *afro-brasilidade* como começo e fim.

Embora contemos com: a) diversas antologias dedicadas a destacar a produção de autores negros brasileiros[1]; b) importante fortuna crítica dedicada a analisar as especificidades da poesia, do conto, do romance e da não ficção como vertentes afrocentrada[2]; ainda são pouco exploradas as dinâmicas que culminam na materialização da produção textual de autoria negra brasileira e sua circulação no campo editorial (e/ou literário)[3].

Desse modo, acreditamos na urgência e na importância de relacionar a história editorial do livro no Brasil à própria história da literatura de autoria negra brasileira. Nosso intento lança luz sobre a literatura

---

1 Podemos citar, entre outras: AXÉ, *antologia contemporânea de poesia negra brasileira* (1982), organizada por Paulo Colina; *Poesia negra brasileira* (1992), de Zilá Bernd; *Quilombo das palavras*: literatura dos afrodescendentes (2002), de Jônatas Conceição e Lindinalva Amaro Barbosa; *Literatura e afrodescendência no Brasil* – antologia crítica (2011), organizada em 4 volumes por Eduardo de Assis Duarte e Maria Nazareth Fonseca; e mesmo a série *Cadernos Negros*, editada desde 1978.

2 Vale mencionar: *Literatura negro-brasileira* (2010), de Cuti;"A trajetória do negro na Literatura Brasileira" (2004), de Domício Proença Filho; *Um tigre na floresta de signos*: estudos sobre poesia e demandas sociais no Brasil (2010), organizado por Edmilson de Almeida Pereira; a já citada *Literatura e afrodescendência no Brasil* (2011), organizada por Eduardo de Assis Duarte e Maria Nazareth Fonseca; *Afro-descendência em Cadernos negros e Jornal do MNU* (2001), de Florentina da Silva Souza; *Brasil Afro-brasileiro* (2000), organizado por Maria Nazareth Soares Fonseca; e *Criação crioula nu elefante branco* (1986), volume organizado por Arnaldo Xavier, Cuti e Miriam Alves.

3 A este respeito, vale conferir: OLIVEIRA, Luiz Henrique Silva de; RODRIGUES, Fabiane Cristine. Panorama editorial da literatura afro-brasileira através dos gêneros romance e conto. In: *Em Tese*, Belo Horizonte, v. 22, p. 90-107, 2017; OLIVEIRA, Luiz Henrique Silva de; RODRIGUES, Fabiane Cristine. Por uma história editorial do conto afro-brasileiro. In: CONGRESSO BRASILEIRO DE CIÊNCIAS DA COMUNICAÇÃO - INTERCOM, 39, 2016, São Paulo. São Paulo: Sociedade Brasileira de Estudos Interdisciplinares da Comunicação, 2016. v. 1, p. 788-801.

brasileira *tout court* - historicizada por autores como Afrânio Coutinho (*Introdução à literatura no Brasil* - história literária), Antonio Candido (*Formação da literatura brasileira:* momentos decisivos), Alfredo Bosi (*História concisa da literatura brasileira*) - a partir do pressuposto de que a literatura, como instância, não se estrutura em um ambiente livre das tensões étnico-raciais. Tais tensões influenciam na escolha do discurso que será materializado e legitimado por meio do impresso. E quais discursos serão "silenciados".

Partimos, assim, do levantamento de dados estatísticos para analisar como as dinâmicas e trajetórias editoriais influenciam nos embates estabelecidos pela literatura de autoria negra brasileira no interior do nosso campo literário.

A base de dados por nós utilizada foi o Portal **literafro**[4], coordenado pelo Professor Eduardo de Assis Duarte (UFMG). Contamos com o apoio acadêmico do Grupo Interdisciplinar de Estudos do Campo Editorial (GIECE/CEFET-MG) e do Núcleo de Estudos Interdisciplinares da Alteridade (NEIA/UFMG). Também consideramos dados do projeto de pesquisa intitulado *Por uma história editorial da literatura afro-brasileira*.

Principal fonte de informações, o **literafro** exibe uma listagem de autores e autoras com alguma regularidade de publicações que contemplem os elementos estabelecidos por Duarte (2010) – temática, autoria, ponto de vista enunciativo, linguagem e formação de público – como responsáveis por constituir a unidade da literatura de autoria negra brasileira, enquanto um dos (micro) campos da literatura brasileira. Dentre as informações disponibilizadas no portal, optamos por nos ater às publicações individuais a fim de facilitar a organização dos dados e a padronização da metodologia.

Assim, para ampliar as discussões a respeito da história editorial da literatura de autoria negra brasileira, questionamos: quais são os seus autores? Que livros publicaram? Por quais meios editoriais? Quando? Em quais cidades? Como tais publicações estão distribuídas

---

4 Disponível em: http://www.letras.ufmg.br/literafro/. Acesso em: 23 fev. 2018.

geograficamente? Em quais períodos históricos? Quais apontamentos este cenário nos permite?

Vale explicar o nosso entendimento do termo literatura neste livro. O termo aqui será usado no sentido de produção ficcional, lírica ou ensaística, neste caso, quando se tratar de não ficção.

Propomos, portanto, tentar compreender a intensidade ou os breves vazios das produções individuais da literatura de autoria negra brasileira, bem como as dinâmicas dos períodos históricos em que os autores apareceram e os meios pelos quais publicaram; a distribuição editorial dos livros e as hipóteses que a justifiquem; além de reflexões acerca do apagamento das publicações de obras no campo editorial brasileiro.

Na primeira seção, "Campo literário/campo editorial", partimos dos conceitos de "campo literário" e *habitus,* elaborados por Pierre Bourdieu (1996), para discutirmos a literatura de autoria negra brasileira enquanto (micro) campo constituinte da literatura brasileira *tout court.*

A seções seguintes serão dedicadas ao que chamamos de trajetórias editoriais da literatura de autoria negra brasileira. Daremos atenção à poesia, ao conto, ao romance e à não ficção. As reflexões aqui elencadas constituem-se de resultados obtidos a partir do levantamento estatístico das publicações individuais de livros desta linhagem literária somados às reflexões acerca do contexto editorial do país e de como estas publicações individuais se articulam enquanto conjunto.

Em seguida, procuraremos refletir sobre o papel das casas de publicação chamadas aqui de "quilombos editoriais". O intento é destacar a relevância quantitativa e qualitativa destas iniciativas para a produção escrita de autoria negra brasileira.

Por fim, discutiremos os dados obtidos e delinearemos razões para o estado de coisas encontrado.

1

Campo literário/ campo editorial

38

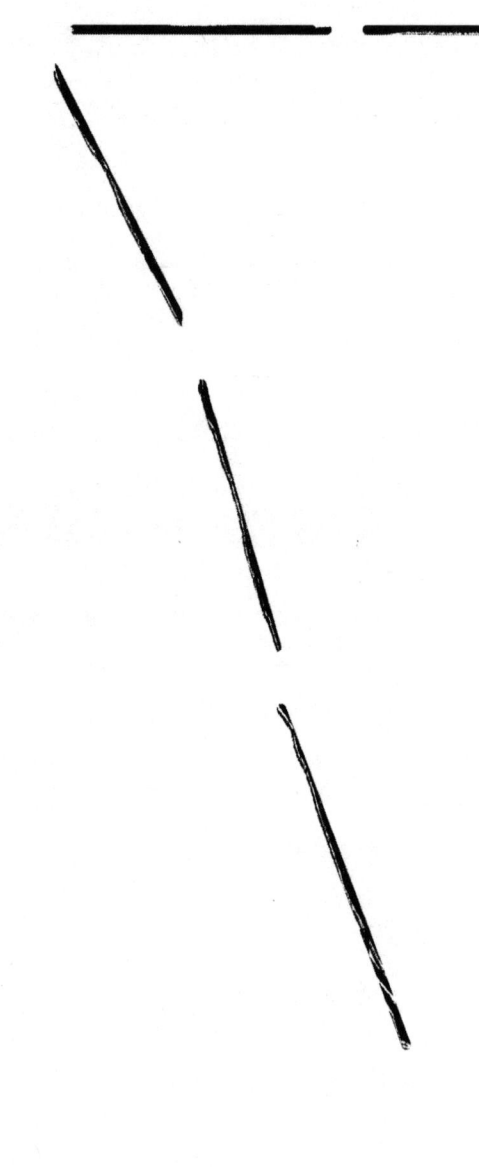

Pierre Bourdieu, em *As regras da arte*, analisa como se estrutura o campo literário, um dos diversos microcosmos incluídos no macrocosmo que é o espaço social. Ainda que as reflexões do estudioso considerem da realidade francesa, a essência de suas análises, em certa medida, se aplica ao nosso contexto. O autor parte das próprias produções literárias para compreender como elas se articulam com o campo de produção de bens culturais e os demais espaços de poder existentes.

Bourdieu (1996, p. 64) compreende o campo literário como "mundo à parte, sujeito às suas próprias leis", relativamente autônomas e dependentes de outros campos, como o econômico e o político. A estrutura de tal campo baseia-se nas "regras" criadas e aceitas por seus agentes. Logo,

> [...] a participação nos interesses constitutivos da vinculação ao campo (que os pressupõe e os produz por seu próprio funcionamento) implica a aceitação de um conjunto de pressupostos e de postulados que, sendo a condição indiscutida das discussões, são, por definição, mantidos a salvo da discussão. (BOURDIEU, 1996, p. 193)

Ou seja, para compreender tais relações, é primordial considerar que elas não ocorrem naturalmente no interior do campo literário, mas são produtos de uma construção daqueles agentes que o compõem e, por isso, devem ser aceitas. Ainda que permitam algumas subversões e estejam sujeitos a alterações, alguns dos pressupostos que o fundamentam e garantem sua existência não são passíveis de questionamento, ou, segundo as palavras do autor, "ao recusar jogar o jogo, contestar as regras da arte, seus autores põem em questão não uma maneira de jogar o jogo, mas o próprio jogo e a crença que o funda, única transgressão inexpiável" (BOURDIEU, 1996, p. 196).

Mesmo aquelas alterações possíveis, permitidas pelas regras do jogo, não ocorrem de modo "gratuito" ou por meio do mero acaso, mas são fruto da interação entre os próprios agentes do campo literário. Essa interação, contudo, não se dá de modo pacífico e a conservação do estado de coisas ou as alterações no interior do campo dependerão dos conflitos que envolvem esses agentes, considerando a força que possuem e as suas posições.

Os lugares que os agentes ocupam no interior do campo literário dependem, antes de mais nada, das lógicas (simbólicas e econômicas) às quais estão submetidos, uma vez que essas lógicas influenciam os modos de produção e circulação, recepção e ciclo de vida das obras, dos autores, dos editores e dos demais agentes relacionados aos processos que cercam as obras.

Por isso, o sociólogo sublinha duas lógicas antagônicas:

A) *economia antieconômica*, associada à produção de uma "arte pura" e baseada "no reconhecimento indispensável dos valores de desinteresse e na denegação do lucro 'econômico' (a curto prazo), privilegiando a produção e suas exigências específicas, oriundas de uma história autônoma" (BOURDIEU, 1996, p. 163). Nesta perspectiva, denegam-se as demandas comerciais e de lucro em curto prazo, assegura-se a acumulação de capital simbólico e, somente em longo prazo e sob as devidas condições, surge lucro econômico.
B) *economia das indústrias literárias e artísticas*, que, por sua vez, fazem "do comércio de bens culturais um comércio como os outros, [ao conferir] prioridade à difusão, ao sucesso imediato e temporário" (BOURDIEU, 1996, p. 163). Aqui, o sucesso pode ser medido pela tiragem e a produção tende a se ajustar às demandas preexistentes, conferindo, em curto prazo, maior capital econômico aos agentes e, em uma relação de causa e efeito, menor capital simbólico.

Percebemos, por meio das lógicas de funcionamento apontadas acima, que, apesar da relativa autonomia conquistada, o campo literário também é influenciado por lutas sociais, econômicas, políticas, dentre outras, que ocorrem externamente a ele, e que incidem na estruturação das posições de dominante ou dominado. Precisamos interrogar, seguindo as palavras de Bourdieu,

> [...] o que as diferentes categorias de artistas e escritores de uma determinada época e sociedade deviam ser do ponto de vista do *habitus* socialmente constituído, para que lhes tivesse sido possível ocupar as posições que lhes eram oferecidas por um determinado estado do campo intelectual e, ao mesmo tempo, adotar as tomadas de posição estéticas ou ideológicas objetivamente vinculadas a estas posições. (BOURDIEU, 2004, p. 190)

As relações no campo literário não se dão de modo puramente arbitrário, mas estão sujeitas a um *habitus* constituído no macrocosmo e que se reflete no interior dos microcosmos, situando as posições dos agentes em seu interior e, consequentemente, o modo como poderão influenciar o campo. Para compreender a lógica por trás dessas relações, é necessário levar em conta os conceitos de *habitus*, capital econômico e capital simbólico e, por meio dessas noções, perceber como os agentes estabelecem relações entre si, no interior do campo literário e externamente a ele.

O conceito de *habitus*, desenvolvido por Bourdieu, em *A economia das trocas simbólicas*, trata das disposições incorporadas no interior de cada campo. O autor o descreve como um

> [...] sistema das disposições socialmente construídas que, enquanto estruturas estruturadas e estruturantes, constituem o princípio gerador e unificador do conjunto das práticas e das ideologias características de um grupo de agentes. Tais práticas e ideologias poderão atualizar-se em ocasiões mais ou menos favoráveis que lhe propiciam uma posição e uma trajetória determinadas no interior de um campo intelectual que, por sua vez, ocupa uma posição determinada na estrutura da classe dominante. (BOURDIEU, 2004, p. 191)

O *habitus* é, então, uma construção social que se desenvolve no interior dos campos, condicionando o indivíduo a interiorizar algumas das estruturas sociais e, enquanto "estrutura estruturada e estruturante", influencia na forma como determinados grupos de indivíduos perceberão o mundo e como agirão a partir desta percepção. Apesar de não ser uma imposição explícita, a aceitação e a assimilação de determinada variante de *habitus* reflete na posição que o indivíduo ocupará na cena pública. E esta posição, processo e produto do *habitus*, também está pautada por capitais específicos.

Diferentes capitais estabelecem *diferentes* influências no campo literário. Os capitais econômico e simbólico, por exemplo, atuam de modos muito distintos. O capital econômico associa-se ao domínio financeiro, às indústrias literárias ou artísticas, aos meios de produção e circulação das obras, bem como ao atendimento de demandas ou à criação de uma demanda mercadológica. Contudo, ainda que seja inegável a sua importância social e política, o capital econômico não é capaz de garantir, por si só, legitimação e prestígio no seio do campo literário. Isso se dá pelo modo como se obtém o capital simbólico e como ele se estrutura.

Em *O poder simbólico*, Pierre Bourdieu explica como ocorrem os processos que legitimam e, de certo modo, atribuem, por meio da crença, certo *status* dentro do campo a determinados produtos, práticas ou ideologias. De acordo com o sociólogo,

> [...] o capital simbólico – outro nome da distinção – não é outra coisa senão o capital, qualquer que seja a sua espécie, quando percebido por um agente dotado de categorias de percepção resultantes da incorporação da estrutura da sua distribuição, quer dizer, quando conhecido e reconhecido como algo de óbvio. (BOURDIEU, 2001, p. 145)

Já o poder simbólico, por sua vez, pode ser descrito como

> [...] o poder de construir o dado pela enunciação, de fazer ver e fazer crer, de confirmar ou de transformar a visão do mundo e, desse modo, a ação sobre o mundo, portanto o mundo; poder quase mágico que permite obter o equivalente daquilo que é obtido pela forma (física ou econômica), graças ao efeito específico de mobilização, só se exerce se for *reconhecido*, quer dizer, ignorado como arbitrário. (BOURDIEU, 2001, p. 13)

Desta forma, o capital simbólico pode ser encarado como um produto do poder simbólico, capaz de estruturar algumas ideologias, discursos e ordens como legítimos e naturais, o que cria sistemas de classificação e hierarquização após serem reconhecidos e aceitos pelos sujeitos no interior do campo. Na nossa leitura, o campo literário, por meio da edição, é elemento privilegiado no que diz respeito à enunciação e construção de crenças e poderes.

O poder simbólico também se associa ao modo como os agentes serão dispostos no campo literário, mesmo que a naturalização de suas posições nos leve a crer que é algo meramente arbitrário.

> É na correspondência de estrutura a estrutura que se realiza a função propriamente ideológica do discurso dominante, intermediário estruturado e estruturante que tende a impor a apreensão da ordem estabelecida como natural (ortodoxia) por meio da imposição mascarada (logo, ignorada como tal) de sistemas de classificação e de estruturas mentais objetivamente ajustadas às estruturas sociais. (BOURDIEU, 2001, p. 14)

A "naturalização" dos agentes em suas posições no interior do campo literário é garantida por intermédio dos sistemas de classificação que estruturam o campo e as relações que estabelece com os demais campos sociais, como o simbólico e o econômico.

É por meio dessas lutas travadas no interior do campo literário que são definidos os critérios hierarquizantes e seus elaboradores, o que dificulta as mudanças de princípios de hierarquização ao obstar o acesso dos agentes aos postos que detêm maior poder, simbólico e/ou econômico, em uma contínua relação de causa e efeito.

É possível perceber, pois, que desde a articulação do campo literário há uma espécie de "subordinação estrutural" (BOURDIEU, 1996, p. 65), que se impõe de forma desigual aos diferentes agentes do campo e se institui, principalmente, a partir das relações que eles estabelecem com o mercado e com os estilos de vida e ligações duradouras que firmam. Quanto maior é o capital acumulado, maior a influência do agente no interior do campo e maior a sua força, seja para a conservação do estado de coisas, seja para a sua alteração.

No interior do campo literário, o verdadeiro capital é o capital simbólico, capaz de se converter em prestígio e poder de consagração. E nada mais simbólico do que a *capacidade de se enunciar* na cena pública.

Para que um autor obtenha êxito no campo e conquiste capital simbólico, ele deve ser reconhecido por seus pares e também pelos críticos, agentes que já gozam de tal prestígio. É por meio desses deslizamentos que ocorrem as modificações no campo.

> Os autores consagrados que dominam o campo de produção tendem a impor-se também pouco a pouco no mercado, tornando-se cada vez mais legíveis e aceitáveis à medida que se banalizam através de um processo mais ou menos longo de familiarização associado ou não a um aprendizado específico. (BOURDIEU, 1996, p. 184)

Pensar tais questões leva-nos à noção de "concentração" do capital simbólico, visto que, para ocupar posições mais relevantes no interior do campo literário, é necessário que o autor seja, antes de mais nada, aceito pelos agentes consagrados. A hierarquização no campo literário, assim entendemos, é definida por aqueles que detêm maior capital, isto é, o poder de consagração e de legitimação. Em outras palavras, o que é aceitável ou não depende da concordância dos agentes legitimadores, pois são eles que definem quais serão as regras estruturantes do campo literário, o que faz com que, dadas as interferências entre campo artístico, econômico e político, a concentração de capital simbólico dependa do "aval" desses grupos. As diferentes posições no campo de produção correspondem a gostos socialmente hierarquizados. Logo, "toda transformação de estrutura do campo acarreta uma translação da estrutura dos gostos, ou seja, do sistema das distinções simbólicas entre os grupos" (BOURDIEU, 1996, p. 184).

Há, portanto, a associação entre as categorias de obras oferecidas e o público a que elas se destinam e, nessa dialética, esse público ocupa um lugar social que lhe confere maior ou menor distinção simbólica no campo literário.

Ao refletirmos sobre o modo como Pierre Bourdieu analisa a gênese do campo literário e sua articulação com outros microcosmos e instâncias de poder, é possível interrogarmo-nos sobre os processos de construção do campo literário brasileiro e, consequentemente, sobre a exclusão/inclusão de alguns grupos nos meios simbólicos de poder e do sistema das distinções. É o que procuraremos fazer considerando o *corpus* literário e não ficcional de autoria negra brasileira.

PARTE I

**POESIA
E NARRATIVA
(CONTO E ROMANCE)**

2

Trajetórias editoriais da poesia de autoria negra brasileira: publicações individuais (1859–2020)

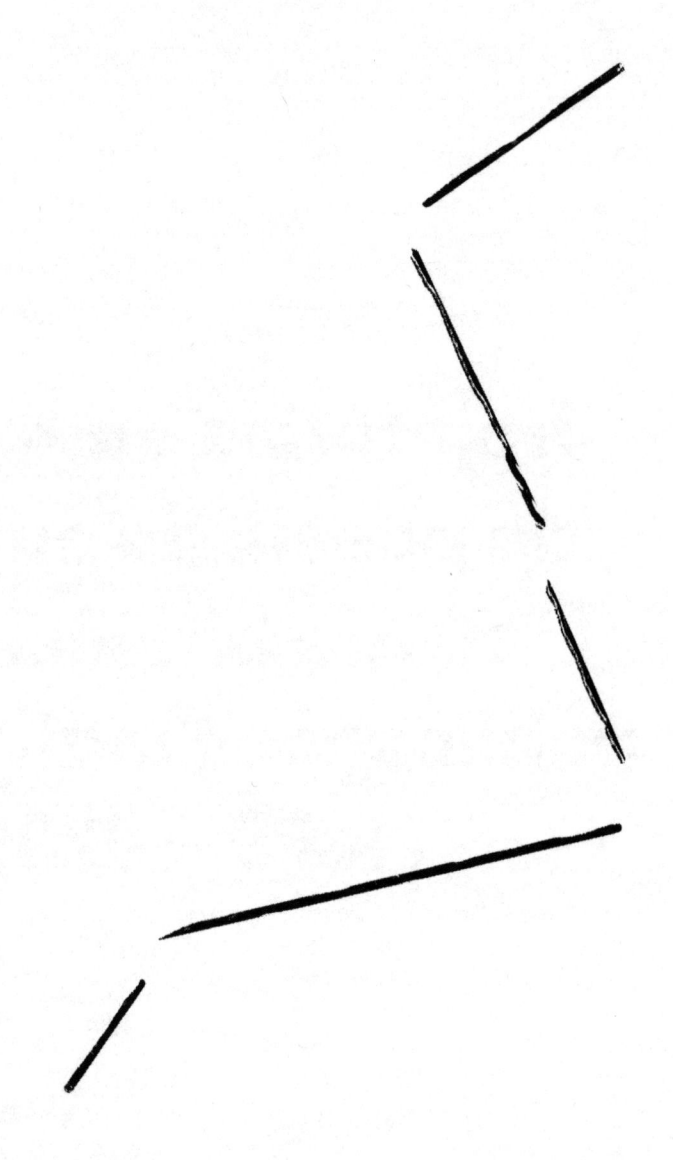

Nesta seção discutiremos a produção editorial da poesia de autoria negra brasileira. Focalizaremos uma trajetória delimitada pelo período de 1859 até 2020, jamais estanque, sobre o campo em questão.

    Nosso levantamento foi composto pelas primeiras edições de obras publicadas individualmente. Quando póstumas, levamos em conta os títulos deixados prontos ou em processo pelo escritor. As antologias e reuniões, realizadas em vida, também compuseram nosso *corpus*. Por sua vez, as organizações de poemas empreendidas por críticos não integraram o conjunto desta pesquisa, embora reconheçamos a importância destas realizações[1].

A primeira publicação individual de livro de poesia de autoria negra brasileira é *Primeiras trovas burlescas de Getulino* (1859), de Luiz Gama, viabilizado pela Tipografia Dois de Dezembro, na cidade do Rio de Janeiro/RJ. A referida obra é o marco inicial desta nossa seção, portanto.

Ao longo dos 161 anos analisados (1859-2020), foram encontrados (96) noventa e seis poetas, (330) trezentas e trinta obras publicadas, por (149)[2] cento e quarenta e nove casas ou iniciativas editoriais distintas, em (37)[3] trinta e sete cidades. Desta forma, passemos às categorias de análise.

2.1 Autoras, autores x obras

Dentre os (96) noventa e seis autores mapeados, (63) sessenta e três, ou seja, aproximadamente 65,60% do total, são do gênero masculino e (33) trinta e três, aproximadamente 34,3%, do feminino.

Vejamos, primeiramente, os autores com o maior número de publicações. Edmilson de Almeida Pereira possui (23) vinte e três livros de poesia. Lino Guedes, Ronald Augusto e Salgado Maranhão publicaram, individualmente, (11) onze volumes. Cuti, Eduardo de Oliveira, José Ailton Ferreira (Bahia) e Oliveira Silveira publicaram (09) nove títulos cada. Os escritores Bernardino da Costa Lopes e

---

1 Publicações como: *Poesias de Aloysio Rezende*, (1979); *Aloísio Resende: poemas* (2000); *Poesias completas*, de Bernardino da Costa Lopes (1945); *Não pararei de gritar*, de Carlos de Assumpção (2020); *Anônimas*, de Francisco de Paula Brito (1859); *Poesias*, de Francisco de Paula Brito (1863); *Luís Gama e suas poesias satíricas* (1954); *Primeiras trovas burlescas de Luís Gama e outros poemas* (2000); *Poemas*, de Oliveira Silveira (2009); *Poesia reunida*, de Paulo Colina (2020); e *Solano Trindade: o poeta do povo* (1999).
2 Não foram localizadas em (07) sete publicações as informações acerca da iniciativa editorial na ficha catalográfica.
3 Não foi possível identificar a cidade de publicação de (08) oito títulos.

José Endoença Martins foram responsáveis por (07) sete obras. Com (06) seis livros autorais temos Adão Ventura, Anelito de Oliveira, Elio Ferreira, Ivan Cupertino e Nina Rizzi.

(08) oito autores publicaram individualmente (05) cinco livros: Ana Cruz, Cruz e Sousa, Cyana Leahy-Dios, Lívia Natália, Lourdes Teodoro, Oswaldo de Camargo, Oubi Inaê Kibuko e Solano Trindade. Com (04) quatro, temos (12) doze escritores: Abelardo Rodrigues, Anizio Vianna, Aristides Theodoro, Cristiane Sobral, Éle Semog, Fausto Antônio, Geni Guimarães, José Carlos Limeira, Machado de Assis, Marcos Fabrício Lopes da Silva, Tatiana Nascimento e Wesley Correia.

Com (03) três publicações localizamos (13) treze autores: Antônio Vieira, Arnaldo Xavier, Carlos de Assumpção, Hermógenes Almeida, Lande Onawale, Lilian Rocha, Lubi Prates, Marcos A. Dias, Mel Duarte, Paulo Colina (Paulo Eduardo de Oliveira), Santiago Dias, Waldemar Euzébio Pereira e Zainne Lima. Com (02) duas há (19) dezenove artistas: Aciomar de Oliveira, Adriano Moura, Alzira dos Santos Rufino, Arlindo Viega dos Santos, Carlos Correia Santos, Edson Lopes Cardoso, Eliane Marques, Fernanda Bastos, Gonçalves Crespo, Jônatas Conceição, Miriam Alves, Natasha Felix, Nei Lopes, Neide Almeida, Nelson Maca, Raquel Almeida, Ricardo Dias, Rita Santana e Severo D'Acelino.

Por fim, (29) vinte e nove autores publicaram apenas (01) um livro individual de poesia de autoria negra brasileira, sendo eles: Abdias Nascimento, Abílio Ferreira, Akins Kintê, Allan da Rosa, Carmen Faustino, Carolina Maria de Jesus, Cidinha da Silva, Conceição Evaristo, Débora Garcia, Eliseu César, Elizandra Souza, Estevão Maya-Maya, Fernando Conceição, Francisco Maciel, Guellwaar Adún, Jamu Minka, Jenyffer Nascimento, Jussara Santos, Lepê Correia (Severino Lepê Correia), Lia Vieira, Lílian Paula Serra e Deus, Luiz Gama, Maria Firmina dos Reis, Maria Helena Vargas (M. Helena Vargas da Silveira), Michel Yakini, Nívea Sabino, Paulo Dutra, Paulo Lins e Sérgio Ballouk.

Este panorama também pode ser percebido através da tabela abaixo.

TABELA 1
Relação autores x quantidade de obras publicadas (poesias)

Autor	Obras publicadas (poesias)
Edimilson de Almeida Pereira	23
Lino Guedes; Ronald Augusto; Salgado Maranhão	11
Cuti; Eduardo de Oliveira; José Ailton Ferreira (Bahia); Oliveira Silveira	9
Bernardino da Costa Lopes; José Endoença Martins	7
Adão Ventura; Anelito de Oliveira; Elio Ferreira; Ivan Cupertino; Nina Rizzi	6
Ana Cruz; Cruz e Sousa; Cyana Leahy-Dios; Lívia Natália; Lourdes Teodoro; Oswaldo de Camargo; Oubi Inaê Kibuko; Solano Trindade	5
Abelardo Rodrigues; Anizio Vianna; Aristides Theodoro; Cristiane Sobral; Éle Semog; Fausto Antonio; Geni Guimarães; José Carlos Limeira; Machado de Assis; Marcos Fabrício Lopes da Silva; Tatiana Nascimento; Wesley Correia	4
Antônio Vieira; Arnaldo Xavier; Carlos de Assumpção; Hermógenes Almeida; Lande Onawale; Lilian Rocha; Lubi Prates; Marcos A. Dias; Mel Duarte; Paulo Colina (Paulo Eduardo de Oliveira); Santiago Dias; Waldemar Euzébio Pereira; Zainne Lima	3
Aciomar de Oliveira; Adriano Moura; Alzira dos Santos Rufino; Arlindo Veiga dos Santos; Carlos Correia Santos; Edson Lopes Cardoso; Eliane Marques; Fernanda Bastos; Gonçalves Crespo; Jônatas Conceição; Miriam Alves; Natasha Felix; Nei Lopes; Neide Almeida; Nelson Maca; Raquel Almeida; Ricardo Dias; Rita Santana; Severo D'Acelino	2
Abdias Nascimento; Abílio Ferreira; Akins Kintê; Allan da Rosa; Carmen Faustino; Carolina Maria de Jesus; Cidinha da Silva; Conceição Evaristo; Débora Garcia; Eliseu César, Elizandra Souza; Estevão Maya-Maya; Fernando Conceição; Francisco Maciel; Guellwaar Adún; Jamu Minka; Jenyffer Nascimento; Jussara Santos; Lepê Correia (Severino Lepê Correia); Lia Vieira; Lílian Paula Serra e Deus; Luiz Gama; Maria Firmina dos Reis; Maria Helena Vargas (M. Helena Vargas da Silveira); Michel Yakini; Nívea Sabino; Paulo Dutra; Paulo Lins; Sérgio Ballouk	1

Fonte: elaborado pelos autores

Como dissemos, os 330 livros individuais de poesia de autoria negra brasileira encontrados são de autoria de 96 escritores distintos. Contudo, apenas 15 desses escritores publicaram mais de cinco obras individuais, enquanto 29 autores publicaram apenas uma obra. Esse dado sugere uma existência significativa de poetas episódicos, ou seja, que não mantêm uma constância de publicações, por razões diversas.

Essa inconstância nas publicações demonstra, ainda que de modo velado, parte da dificuldade encontrada na formação e manutenção de uma tradição literária de poetas/produtores desta literatura. Cabendo-nos, portanto, questionar o que há por trás das dificuldades encontradas por esses artistas. Tal cenário convoca-nos a indagar: por que, em um país no qual mais da metade da população se declara preta ou parda[4], há ainda tão pouca representatividade negra na literatura brasileira, quando a comparamos à representatividade branca?

Uma das formas de responder a questão é por meio das dinâmicas de afirmação e contestação que ocorrem no interior do campo literário, em grande medida ligado aos campos político e econômico. O fazer literário constitui um ato de distinção e poder: o poder de falar sobre si mesmo, sobre o mundo e, principalmente, sobre a existência no mundo. É pelo poder da escrita que o sujeito pode abandonar sua posição de *outro* e representar a si mesmo enquanto indivíduo. A este respeito, Cuti é categórico:

> [...] são, portanto, fatores essenciais para se desenvolver uma literatura: o acesso à alfabetização, à leitura e à prática da escrita literária, aquisição de bens culturais (livros, CDs, DVDs), disponibilidade de tempo, isolamento físico com espaço adequado para produção de textos, equipamentos para escrita e pesquisa, crise de identidade

---

[4] 50,7% da população declara-se preta ou parda. Informação disponível em: https://agenciadenoticias.ibge.gov.br/agencia-noticias/2012-agencia-de-noticias/noticias/21206-ibge-mostra-as-cores-da-desigualdade. Acesso em: 20 set. 2018.

gerada principalmente pelo afastamento cultural, o que faz o autor lançar-se em busca das raízes perdidas, competição social, de onde se dá o encontro com a prática do racismo e a conscientização de que ela implica vários aspectos (econômicos, psicológicos, religiosos, estéticos etc.) (CUTI, 2010, p. 29-30).

Desse modo, para formarmos autores e leitores negros, é necessário que haja, inicialmente, a inserção desses sujeitos nas esferas de formação discursiva, como o ambiente letrado, responsável pela legitimação dos discursos, e o midiático, capaz de garantir a circulação e aceitação dos discursos.

De fato, entre os quinze autores que publicaram mais de cinco obras, todos possuem alguma articulação com o universo da escrita, atuando como jornalistas, revisores ou colaboradores da imprensa. Muitos participam ou participaram ativamente de movimentos negros diversos. Uma grande parcela possui, ainda, graduação e/ou pós-graduação. Esse pequeno cenário permite-nos refletir de onde parte o indivíduo que consegue escrever e ser lido, revelando a importância das relações entre os atores sociais e a obtenção de conhecimento formal, do domínio da (dita) língua culta e da acumulação de capital simbólico. Logo, o *habitus* destes artistas está ligado ao domínio do Conhecimento.

Ao refletir sobre os locais de fala e de representatividade (ou ausência dela) encontrada na literatura brasileira contemporânea, a partir da análise de 258 romances, todos os publicados entre 1990 e 2004, por três das editoras centrais no campo literário brasileiro – apontadas por autores, crítica e pesquisadores de diferentes estados –, Regina Dalcastagnè constata que "uma censura social velada silencia os grupos dominados" (DALCASTAGNÈ, 2012, p. 19). A pesquisadora acrescenta, ainda, não se tratar apenas da possibilidade de falar, "mas da possibilidade de falar com autoridade, isto é, [d]o reconhecimento social de que o discurso tem valor e, portanto, merece ser ouvido" (DALCASTAGNÈ, 2012, p. 19). A "censura" nega o direito de fala, e de forma mais perversa e sutil, coloca em xeque a autoridade de quem fala, a partir de requisitos sociais estabelecidos. Mais efetivo que negar ao autor o "direito" de escrever é negar a ele o acesso às formas de reconhecimento social e prestígio no seio do campo literário.

Ao refletirmos sobre a edição de livros, devemos levar em conta quais são os critérios de valoração estabelecidos, isto é, os dispositivos capazes de reconhecer e legitimar determinado texto como produção literária. A esse respeito, Cuti afirma que

> [...] no campo específico da literatura escrita (já que ela é um determinado tipo de discurso, tipificado principalmente pelos críticos e teóricos de várias épocas e lugares, e, fundamentalmente, por escritores), e particularizando o Brasil, a matriz europeia é predominante. Nossa produção, nesse campo, nasceu, desenvolveu-se e continua seu curso tendo como paradigma a produção europeia. Dizer "branca", nesse caso, é redundância. Imitar, citar, ler, comentar autores europeus sempre trouxe e traz aura de respeitabilidade para quem assim age e para o trabalho que porventura desenvolve. Verniz ou conteúdo absorvido, o fato é que o chamado cânone literário predominante no Brasil é de estofo europeu (CUTI, 2010, p. 50).

Isso posto, torna-se evidente a pequena "margem de negociação" que escritor negro encontra em sua produção. Para que produza um discurso "digno de legitimação" enquanto literatura, o autor deve submeter-se aos critérios estabelecidos (e centrados em uma lógica eurocêntrica) ou ousar contrapor-se a tal modelo e "pagar o preço pelo conteúdo não desejado pelas instâncias de poder estabelecidas na área" (CUTI, 2010, p. 51). Esse preço equivale, muitas vezes, à recusa nos espaços sociais e editoriais estabelecidos.

Em uma sociedade em que uma das formas de reconhecimento acerca do valor do discurso é a sua materialização em impresso, a recusa ao discurso pode ocorrer de diversos modos, mais ou menos explícitos, como a censura do que é dito, a censura de quem diz, a censura dos veículos por onde determinado discurso circulará dentro de uma determinada comunidade e a censura de como é permitido dizer e ler.

Vejamos o que os locais de publicação da poesia de autoria negra brasileira nos dizem.

2.2 Locais de publicação

As fichas catalográficas apontaram-nos os locais de publicação das obras individuais de poesia de autoria negra brasileira.

Na cidade de São Paulo/SP, foram publicadas (98) noventa e oito obras individuais da poesia aqui estudada. No Rio de Janeiro/RJ, foram publicadas (61) sessenta e uma. Em Belo Horizonte/MG, (49) quarenta e nove.

Em de Juiz de Fora/MG foram publicadas (06) seis obras de poesia. Em Niterói/RJ, (04) quatro. Na cidade de Campinas/SP foram encontradas (03) três obras. Nas cidades de Barra Bonita/SP, Mauá/SP, Nova Lima/MG e Santos/SP foram mapeados, em cada uma delas, (02) dois livros autorais de poesia de autoria negra brasileira. E, por fim, em Bauru/SP, Betim/MG, Colatina/ES, Franca/SP, Sabará/MG e São José dos Campos/SP localizamos (01) uma obra autoral em cada cidade.

Percebemos que a região sudeste concentra (235) duzentos e trinta e cinco livros inventariados, ou seja, aproximadamente 71,2% do total.

Na cidade de Porto Alegre/RS, foram publicadas (26) vinte e seis obras de poesia de autoria negra brasileira. Em Blumenau/SC, foram (05) cinco livros. Nas cidades de Curitiba/PR, Florianópolis/SC e Londrina/PR contabilizamos, individualmente, (01) um livro. Deste modo, na região sul foram encontrados (34) trinta e quatro livros individuais de poesia de autoria negra brasileira, aproximadamente 10,3% do total.

Na região nordeste foram publicadas (36) trinta e seis obras, aproximadamente 10,91% do total, distribuídas do seguinte modo: (21) vinte e uma em Salvador/BA, (04) quatro em Teresina/PI, (02) duas em Aracaju/SE, (02) duas em Camaçari/BA, (02) duas em Recife/PE, (01) uma em Fortaleza/CE, (01) uma em Ilhéus/BA, (01) uma em João Pessoa/PB, (01) uma em São Luís/MA e (01) uma em Timbaúba/PE.

A cidade de Brasília/DF conta com (12) doze publicações autorais de poesia, ou seja, aproximadamente 3,64% do total.

Na região norte, o levantamento de dados apontou para (01) publicação, em Belém/PA, correspondendo a 0,30% dos dados obtidos.

Algumas obras, (06) seis no total, foram publicadas em outros países: (03) três em Lisboa/Portugal, (01) uma em Buenos Aires/Argentina, (01) uma em Coimbra/Portugal e (01) uma em Paris/França.

Podemos perceber a concentração de publicações no sudeste do Brasil, mais especificamente no eixo Rio-São Paulo, e muito desse cenário se deve ao fato de que, apesar de sua dimensão continental, as riquezas do país concentram-se em determinados estados e regiões. A centralização econômica reflete a industrialização desses estados, além da criação e adoção de políticas públicas e ações de incentivo à cultura. A produção e a circulação de obras literárias exigem acesso à educação e a bens culturais diversos.

A injusta distribuição de recursos pelas regiões do Brasil faz com que grande parte da população esteja sujeita a restrições de itens básicos à sobrevivência, como uma residência devidamente construída, alimentação, abastecimento de água, saneamento, abastecimento de energia elétrica, entre outros itens. Considerando tais fatores, como falar em condições para desenvolvimento de uma literatura, de maneira ampla, em especial de uma literatura afrocentrada e geograficamente bem distribuída? E como imaginar a formação ampla de leitores, principalmente nas camadas mais pobres? Num país em que falta quase tudo, a arte passa como "bem supérfluo" em inúmeros momentos e lugares.

Além dos fatores ligados à produção de literatura e à formação de público leitor, o arranjo espacial e geográfico facilita o controle sobre as produções, uma vez que as concentra em determinadas regiões, criando zonas centrais e periféricas. O acúmulo de recursos em lugares específicos no país dificulta o trânsito das informações. Somem-se a isso os obstáculos, de diversas ordens, impostos à comercialização e distribuição dos livros impressos. Como concluem Earp e Kornis (2005), após entrevistarem autores e outros agentes do mercado livreiro, o maior problema do livro no Brasil é a distribuição. Nas palavras dos estudiosos,

> [...] as editoras de obras gerais costumam vender diretamente às grandes redes de livrarias e às livrarias independentes do Rio de Janeiro e de São Paulo, ficando a distribuição para o resto do país dividida entre a entrega direta a umas poucas livrarias cadastradas e à ação das distribuidoras. (EARP & KORNIS, 2005 p. 43-44)

Desse modo, a produção e a circulação das obras, tão necessárias para a sobrevivência no interior do campo literário, ficam atreladas ao espaço geográfico privilegiado, ou seja, o eixo Rio de Janeiro/São Paulo, uma vez que os custos de distribuição aumentam conforme nos afastamos desses lugares.

Portanto, além dos problemas resultantes das dificuldades de distribuição do livro impresso pelo país, existem outros fatores que atropelam a democratização da produção editorial brasileira. Destaque-se, nesse contexto, a dificuldade de acesso aos meios de educação formal e aos elementos de prestígio e de legitimação social, a centralização das produções e manifestações culturais em áreas de "efervescência cultural", a aquisição de bens culturais diversos, além de equipamentos e tecnologias para produção textual, pesquisa e materialização das produções sociais e a ausência de políticas públicas atreladas ao acesso ao livro e à leitura.

Além do controle sobre a informação e sobre os discursos, ao refletirmos acerca da distribuição das publicações individuais de poesia de autoria negra brasileira pelo país, é importante observarmos também como as políticas públicas de incentivo à cultura e as verbas destinadas às manifestações culturais são distribuídas geograficamente.

Antônio Albino Canelas Rubim (2007) – ao ponderar sobre a história das políticas culturais no Brasil, isto é, "intervenções conjuntas e sistemáticas, atores coletivos e metas" (RUBIM, 2007, p. 13) - destaca que elas foram implementadas tardiamente, de modo que a primeira lei de incentivos fiscais para financiar a cultura foi criada somente em 1986, denominada posteriormente como Lei Sarney (Lei 7.505/86). Por meio desse marco jurídico, "o próprio Estado propunha que os recursos fossem buscados pretensamente no mercado, só que o dinheiro em boa medida era público, decorrente do mecanismo de renúncia fiscal" (RUBIM, 2007, p. 24 - 25), de forma que o mercado é quem ganha o poder de decisão.

Ainda que a Lei Sarney tenha sido extinta ao final de seu governo, ela deu origem a outro dispositivo, a Lei Rouanet (Lei 8.313/91), que recentemente passou ser chamada simplesmente como Lei de Incentivo à Cultura, marcando uma lógica que se torna peça-chave no financiamento cultural brasileiro. A proposta de funcionamento da Rouanet pauta-se em investimento direto ou indireto em projetos culturais e se expandiu para os estados e municípios. O resultado de tal cenário é o acúmulo de legislações e certa homogeneidade no modo de se pensar o financiamento da cultura no Brasil.

Chegamos, aqui, a um ponto nevrálgico para a compreensão da concentração cultural brasileira – ao menos no que diz respeito à distribuição de verbas públicas para incentivo à cultura – e, consequentemente, da distribuição geográfica das produções de literatura de autoria negra brasileira. O produtor ou agente cultural – pessoa física ou jurídica – que pretende se valer da lei propõe um projeto de acordo com os editais vigentes e, após sua aprovação, deve procurar pessoas físicas e/ou empresas que desejem patrocinar determinado projeto em troca de dedução no Imposto de Renda a pagar.

Em nossa principal lei de incentivo à cultura podemos perceber a explicitação da tirania do dinheiro, aqui pela forma da mão do Mercado, atuando sobre a cultura e, por que não dizer, sobre a informação. Estando o patrocínio sujeito à aprovação de empresas e pessoas físicas, os produtores culturais devem adequar seus discursos e propostas aos interesses de tais agentes, sob o risco de não conseguirem viabilizar seus projetos.

Outra face dessa realidade apresenta-se quando refletimos acerca do Produto Interno Bruto (PIB) dos estados brasileiros. Sendo o PIB a soma de todas as riquezas produzidas em um dado território durante um determinado tempo, e considerando-se que a captação de recursos pela Lei Federal de Incentivo à Cultura fica a cargo dos produtores e agentes culturais interessados, é justo pensarmos que, em havendo a concentração de riquezas em determinadas regiões do território brasileiro, o resultado também será o da concentração de recursos destinados a produções culturais.

Desse modo, a distribuição geográfica das publicações dos diversos gêneros estudados reforça nossa tese de que a materialização do discurso em livro impresso está profundamente ligada a diversos fatores dos quais optamos por destacar, nessa seção, a subordinação do campo cultural ao campo econômico.

A tabela abaixo sintetiza os dados:

TABELA 2
Relação entre locais de publicação x quantidade de obras publicadas (poesias)

Local publicação	Obras publicadas (poesias)
São Paulo/SP	98
Rio de Janeiro/RJ	61
Belo Horizonte/MG	49
Porto Alegre/RS	26
Salvador/BA	21
Brasília/DF	12
Juiz de Fora/MG	6
Blumenau/SC	5
Niterói/RJ; Teresina/PI	4
Campinas/SP	3
Lisboa – Portugal	3
Aracaju/SE; Barra Bonita/SP; Camaçari/BA; Mauá/SP; Nova Lima/MG; Recife/PE; Santos/SP	2
Bauru/SP; Belém/PA; Betim/MG; Colatina/ES; Curitiba/PR; Florianópolis/SC; Fortaleza/CE; Franca/SP; Ilhéus/BA; João Pessoa/PB; Londrina/PR; Sabará/MG; São José dos Campos/SP; São Luis/MA; Timbaúba/PE	1
Buenos Aires – Argentina; Coimbra – Portugal; Paris – França	1

Fonte: elaborado pelos autores

Passemos à análise da distribuição da poesia de autoria negra brasileira pelas casas ou iniciativas editoriais.

2.3 Editoras / iniciativas editoriais

As (330) trezentas e trinta publicações inventariadas se materializaram por meio de (149) cento e quarenta e nove casas ou iniciativas editoriais distintas.

Setenta e três (73) obras foram publicadas por meio de edição do autor, o que é um dado alarmante. Pela Mazza Edições foram publicadas (22) vinte e duas. Pela casa editorial Scortecci foram (10) dez livros autorais. Na Editora 7 Letras foram encontrados (09) nove. Já pela Editora Patuá e pela Orobó Edições foram materializados, individualmente, (07) sete livros.

D'Lira; Editora Malê e Ogum's Toques Negros foram responsáveis por (05) cinco obras cada. Ciclo Contínuo Editorial; Cruzeiro do Sul; Garnier; Padê Editorial e Quilombhoje trouxeram ao leitor (04) quatro livros cada.

Nas editoras Elo da Corrente Edições; EPP; Fundação Casa Dr. Blumenau; Letra Capital; Roswitha Kempf foram publicados (03) três livros autorais de poesia negra brasileira.

Vinte e duas (22) casas ou inciativas editoriais publicaram, cada uma, (02) duas obras individuais do referido gênero. São elas: Abracadabra Edições; Achiamé; Blacktude; Butecanis Editora Cabocla; Casa Pindahyba; Editora Pinaúna; Edições Mariposa; Editora 34; Editora Alternativa; Editora Éblis; Editora UFRJ; Figura de Linguagem; Imago; João Scortecci; Magalhães & Cia; Nandyala; Obelisco; Organismo Editora; Patuá; Quarto Setor Editorial; Secretaria Municipal de Cultura de Porto Alegre e Selo Editorial RG.

Contudo, (108) cento e oito casas ou iniciativas editoriais contam, cada, com a publicação de apenas (01) um livro do gênero aqui estudado. São elas: A. Melo; Aillaud & Cia; AMEOP; Anome Livros; Aprés Coup - Escola de Poesia; Arte Literária; Artes Gráficas; Artium; Associação Cultural do Negro; Áurea; Caramurê Publicações; Casa de Cultura Afro-Sergipana; Chiado; CL Edições; Clock-t Edições e Artes; Coleção Hendi; Coletivo Cultural Poesia na Brasa; Confraria do Livro; Coordenadoria de Cultura do Estado de Minas Gerais; Córrego; Debates; Demar; Demônio Negro; Editora Cupolo; Editora Nova Civilização; Edição do Grupo Pró-texto; Edições Cântaro; Edições de Minas; Edições Dubolsinho; Edições Jabuticaba; Edições Me Parió Revolução; Edições Oficina; Edições Toró; Editora Baraúnas; Editora Brasil; Editora Comunicação; Editora Cromos; Editora Douda Correria; Editora Fulgor; Editora G. Holman Ltda.; Editora Jalovi; Editora Lê; Editora Macondo; Editora Multifoco; Editora Oralituras;

Editora Poesias Escolhidas; Editora Taverna; Editora Teixeira; Editora Thesaurus; Editora UFMG; Editora Venas Abiertas; Editus; Emcomum Estúdio Livre; Fauchon; Fundação Biblioteca Nacional; Galileu Edições; Gráfica Bentivegnia; Grafline; Grupo Cero Brasil; Grupo Editorial Rainha Ginga; Ijumaa; Imprensa da Universidade; Imprensa Nacional; Instituto de Radiodifusão Educativa da Bahia; J. Andrade; José Olympio; Kikulakafi; KZA1; Laemmert; Las Hortensias; Letra Viva; Letras Contemporâneas; Litteris Editora; Livraria A. Campos; Livraria Pé Vermelho; Lys Editora; Mar; Martins Fontes; Mensageiro da Fé; Menthor Textual; Mjiba; Móri Zines; Mórula; Na Função: produções artísticas; Nosotros Editorial; Nova Safra; Philos; Rede Catitu Cultural; RIEX; Rio Arte; Secretaria de Estado da Cultura do Paraná; Segundo Selo; Selo Letras da Bahia; SESC; Sindicato dos Escritores do Rio de Janeiro; Supertipo; Tipografia Aldina; Tipografia Carioca; Tipografia do Cruzeiro; Tipografia Dois de Dezembro; Tipografia Instituto Profissional; Tipografia Leuzinger; Tipografia Luís Malafaia Jr.; Tribuna Piracicabana; Typ. Lith. Encadernação e Pautação de Jayme Seixas & C.; Typografia do Paiz; UNESP; e Ykenga Editorial Ltda.

Vale destacar que (06) seis das casas editoriais citadas – Chiado; Aillaud & Cia; Imprensa da Universidade; Imprensa Nacional; Las Hortensias e Editora Douda Correria – foram responsáveis por publicações fora do Brasil e que (07) sete das publicações inventariadas saíram em edições simultâneas entre duas casas editoriais. Não foi possível localizar a casa ou iniciativa editorial responsável pela publicação de (07) sete obras.

Um dos marcos para a compreensão dos modos como se articulam os autores negros no campo editorial foi o I Encontro Nacional de Poetas e Ficcionistas Negros Brasileiros, que ocorreu em setembro de 1985, no estado de São Paulo. Nesse encontro, 20 autores elaboraram textos e discutiram o bloqueio editorial imperante, bem como os mecanismos estabelecidos para romper com tal situação. Ari Cândido Fernandes, Arnaldo Xavier, Cuti, Deley de Acari, Éle Semog, Esmeralda Ribeiro, Estevão Maya Maya, Hermógenes Almeida S. Filho,

J. Abílio Ferreira, Jônatas C. da Silva, José Luanga Barbosa, Kilamba, Márcio Barbosa, Marise Tietra, Míriam Alves, Oliveira Silveira, Oubi Inaê Kibuku, Ramatis Jacino, Roseli Nascimento e Zenaide foram os autores que participaram do evento e também escreveram os trabalhos que compuseram a publicação *Criação crioula, nu elefante branco*, uma importante memória impressa do que foi tratado ao longo do encontro.

Podemos destacar também a publicação de *Reflexões*, resultado da ampliação e novo projeto gráfico das discussões apostiladas após a "Noite da Literatura Afro-Brasileira", ocorrida no III Congresso de Cultura Negra das Américas, realizado no ano de 1982, no estado de São Paulo. Cuti, Esmeralda Ribeiro, J. Abílio Ferreira, Jamu Minka, Márcio Barbosa, Miriam Alves, Oubi Inaê Kibulo e Sônia Fátima da Conceição escreveram os textos que compuseram a publicação. Organizada pelo Grupo Quilombhoje, o evento teve como objetivo refletir sobre a produção literária dos autores negros a partir de um outro lugar de fala, rompendo com os padrões estéticos e críticos vigentes.

Com base nos textos que compõem os volumes críticos mencionados, percebemos como os avanços no mercado editorial brasileiro, além da ampliação na alfabetização e do letramento no Brasil, influenciaram diretamente na efervescência das discussões acerca dos aspectos editoriais das produções afrocentradas. O mercado editorial ampliava-se e era momento para discutir as estratégias de recepção e diversificação do campo literário brasileiro.

A este respeito, cabe destacar a fala de Semog (1986, p. 28), por meio da qual o autor expressa sua preocupação com a criação de uma editora para canalizar as produções de autores negros, a exemplo das edições independentes já produzidas e do trabalho desenvolvido pelo Grupo Quilombhoje em *Cadernos Negros*. Deley de Acari (1986, p. 28-29) acrescenta a importância das discussões acerca do ato de escrita e dos próprios produtos editoriais a partir dos autores negros envolvidos. Trata-se de subverter a ideia de que o autor negro e suas produções servem apenas como objeto de estudo ou de mercado, para participar da construção da fortuna crítica e dos processos de distribuição e produção gráfica.

Ao discutir tais estratégias, os autores buscam gerar ruídos que culminem na modificação do campo literário e editorial, ampliando a repercussão de obras avessas ao discurso etnocêntrico. Sobre este aspecto, Cuti nos lembra que

> [...] na outra ponta da produção de seu texto, a leitura, o escritor negro sabia e sabe que está o branco em seu papel como editor, crítico, professor, jornalista, livreiro ou simples leitor. Não havia e não há como não pensar nisso. Sem dúvida, tal situação mudou ao longo do tempo. Nem todo branco é racista. Nem todo crítico, jornalista, professor, livreiro ou leitor é branco. Mas, estatisticamente, a situação não se alterou muito. (CUTI, 2010, p. 51)

De forma que o ideal de Brasil enquanto nação estruturou-se com base na lógica racista, que atinge os indivíduos, os quais naturalizam discursos, introjetam imaginários e produzem *habitus*. Assim sendo, Cuti ainda enfatiza o que ele chama de "a margem de negociação para quem deseja furar o bloqueio". Ultrapassar esta margem significa, segundo o autor, "pagar o preço pela ousadia de tentar propor a mudança de hábitos de escrita cristalizados" (CUTI, 2010, p. 51).

Logo, se a adoção de um discurso afrocentrado é, na maioria das vezes, rechaçada pelas grandes editoras e conglomerados editoriais por meio de suas linhas editoriais, resta ao autor negro criar seus canais de produção, distribuição e crítica, em geral à margem das instâncias de poder e legitimação.

Como destaca Hermógenes Almeida Silva Filho, "a produção literária negra procurou formas alternativas, como a impressão de poemas em mimeógrafos e xerox, sendo esses trabalhos distribuídos em filas de teatros, cinemas, shows etc. sempre a preços módicos" (SILVA FILHO, 1986, p. 46) e, no caso específico da poesia de autoria negra brasileira, através de saraus e recitais. Se, por um lado, o escritor diz respeito a uma realidade corrente até os anos finais do século XX, por outro lado não se pode negar o número imenso de publicações do autor, de editoras ou iniciativas editoriais independentes ou mesmo de iniciativas editoriais estatais para a veiculação da poesia afrodescendente. As condições mudaram, mas as dificuldades de publicação em editoras tidas como "comerciais" ou grandes editoras, de alguma forma, prevalecem.

Percebemos, então, que, para além de seu papel como autor, ou seja, aquele que escreve, o produtor da literatura de autoria negra brasileira muitas vezes atua como editor de suas próprias obras, já que necessita dominar toda a cadeia de materialização de seu discurso em livro.

Em grande medida, as produções literárias de autoria negra em nosso país são resultantes de esforços de seus agentes, empreendidos dentro e fora do campo editorial. Isso se deve sobretudo à criação de editoras e selos que contemplem suas produções e permitam que circulem nos meios específicos, em estratégias que podem ser denominadas como "quilombos editoriais" (cf. OLIVEIRA 2018), considerando o seu compromisso com a difusão de temas intrinsecamente ligados ao universo afrodescendente e o explícito propósito de alteração do imaginário social hegemônico.

Um exemplo do impacto de tais iniciativas para o microcampo editorial literário de que tratamos são os *Cadernos Negros*, que surgem no ano de 1978 por meio das iniciativas coletivas de Ângela Galvão, Célia Aparecida Ferreira, Cuti, Henrique Cunha Júnior, Jamu Minka, Eduardo de Oliveira, Oswaldo de Camargo entre outros autores, que, de forma cooperativa, arcaram com os custos do primeiro número da série que se mantém até os dias atuais, publicando anualmente e em anos alternados um livro de poesia ou um livro de contos.

Ainda que não acompanhe os crescimentos e as oscilações do mercado editorial brasileiro de obras gerais, é inegável o aumento no número de publicações individuais de poesia de autoria negra brasileira após o lançamento de *Cadernos*, cabendo destacar que muitos dos autores que publicaram individualmente após 1978 já haviam publicado anteriormente na série em questão.

Eis, portanto, os dados numéricos de nossa pesquisa:

TABELA 3
Relação editoras / iniciativas editoriais x quantidade de obras publicadas (poesias)

Editoras / iniciativas editoriais	Obras publicadas (poesias)
Edição do autor	73
Mazza Edições	22
Scortecci	10
Editora 7 letras	9
Editora não informada	7
Editora Patuá; Orobó Edições	7
D'Lira; Editora Malê; Ogum's Toques Negros	5
Ciclo Contínuo Editorial; Cruzeiro do Sul; Garnier; Padê Editorial; Quilombhoje	4
Elo da Corrente Edições; EPP; Fundação Casa Dr. Blumenau; Letra Capital; Roswitha Kempf	3
Abracadabra Edições; Achiamé; Blacktude; Butecanis Editora Cabocla; Casa Pindahyba; Editora Pinaúna; Edições Mariposa; Editora 34; Editora Alternativa; Editora Éblis; Editora UFRJ; Figura de Linguagem; Imago; João Scortecci; Magalhães & Cia; Nandyala; Obelisco; Organismo Editora; Patuá; Quarto Setor Editorial; Secretaria Municipal de Cultura de Porto Alegre; Selo Editorial RG	2
Melo; Aillaud & Cia; AMEOP; Anome Livros; Aprés Coup - Escola de Poesia; Arte Literária; Artes Gráficas; Artium; Associação Cultural do Negro; Áurea; Caramurê Publicações; Casa de Cultura Afro-Sergipana; Chiado; CL Edições; Clock-t Edições e Artes; Coleção Hendi; Coletivo Cultural Poesia na Brasa; Confraria do Livro; Coordenadoria de Cultura do Estado de Minas Gerais; Córrego; Debates; Demar; Demônio Negro; Ed. Cupolo; Ed. Nova Civilização; Edição do Grupo Pró-texto; Edições Cântaro; Edições de Minas; Edições Dubolsinho; Edições Jabuticaba; Edições Me Parió Revolução; Edições Oficina; Edições Toró; Editora Baraúnas; Editora Brasil; Editora Comunicação; Editora Cromos; Editora Douda Correria; Editora Fulgor; Editora G. Holman Ltda.; Editora Jalovi; Editora Lê; Editora Macondo; Editora Multifoco; Editora Oralituras; Editora Poesias Escolhidas; Editora Taverna; Editora Teixeira; Editora Thesaurus; Editora UFMG; Editora Venas Abiertas;	1

TABELA 3 (continuação)
Relação editoras / iniciativas editoriais x quantidade de obras publicadas
(poesias)

Editoras / iniciativas editoriais	Obras publicadas (poesias)
Editus; Emcomum Estúdio Livre; Fauchon; Fundação Biblioteca Nacional; Galileu Edições; Gráfica Bentivegnia; Grafline; Grupo Cero Brasil; Grupo Editorial Rainha Ginga; Ijumaa; Imprensa da Universidade; Imprensa Nacional; Instituto de Radiodifusão Educativa da Bahia; J. Andrade; José Olympio; Kikulakafi; KZA1; Laemmert; Las Hortensias; Letra Viva; Letras Contemporâneas; Litteris Editora; Livraria A Campos; Livraria Pé Vermelho; Lys Editora; Mar; Martins Fontes; Mensageiro da Fé; Menthor Textual; Mjiba; Móri Zines; Mórula; Na Função: produções artísticas; Nosotros Editorial; Nova Safra; Philos; Rede Catitu Cultural; RIEX; Rio Arte; Secretaria de Estado da Cultura (Paraná); Segundo Selo; Selo Letras da Bahia; SESC; Sindicato dos Escritores do Rio de Janeiro; Supertipo; Tipografia Aldina; Tipografia Carioca; Tipografia do Cruzeiro; Tipografia Dois de Dezembro; Tipografia Instituto Profissional; Tipografia Leuzinger; Tipografia Luís Malafaia Jr.; Tribuna Piracicabana; Typ. Lith. Encadernação e Pautação de Jayme Seixas & C; Typografia do Paiz; UNESP; Ykenga Editorial Ltda.	1

Fonte: elaborado pelos autores

Passemos aos outros gêneros, quais sejam, o conto e o romance.

3

Trajetória editorial da narrativa de autoria negra brasileira: publicações individuais de contos e romances (1859-2020)[5]

---

[5] Uma versão deste texto foi publicada originalmente na revista *Em tese*, Belo Horizonte, v. 22, n. 3, ano 2016. p. 90-107.

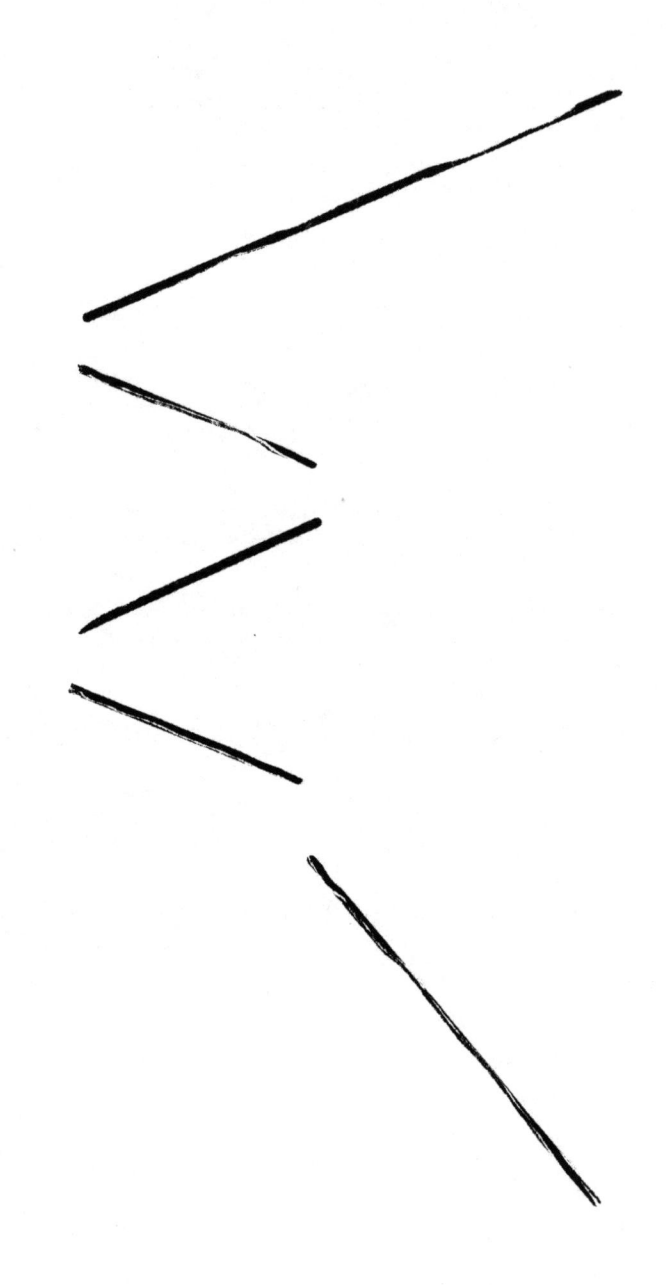

Nesta seção, vamos abordar as obras individuais de contos e romances. Nosso intuito é propor uma trajetória editorial jamais estanque. Consideramos as produções individuais publicadas pelos autores. Quando póstumas, levamos em conta as obras deixadas "prontas" pelos escritores. As antologias, realizadas em vida, compuseram os levantamentos. Já as reuniões de contos realizadas por críticos literários não compuseram o *corpus* deste trabalho, bem como as publicações individuais em revistas e jornais, comuns no século XIX, embora reconheçamos a importância destes textos[6].

O intervalo de tempo analisado leva em conta a primeira publicação encontrada em nosso levantamento e se encerra em 2020.

A primeira publicação individual encontrada foi *Contos fluminenses*, de Machado de Assis, viabilizada pela casa editorial Garnier, em 1872, na cidade do Rio de Janeiro/RJ.

O primeiro romance foi *Úrsula*, de Maria Firmina dos Reis, publicado em 1859, pela Typographia do Progresso, na cidade de São Luís (MA).

No que diz respeito ao gênero conto, ao longo do intervalo estudado (1872-2020), foram encontrados: (57) cinquenta e sete escritores, (113) cento e treze obras publicadas, (66) sessenta e seis casas ou iniciativas editoriais distintas, em (18) dezoito cidades. Quanto ao gênero romance, ao longo dos (161) cento e sessenta e um anos investigados (1859-2020), foram localizados: (40) quarenta autores, (85) oitenta e cinco romances publicados, (66) sessenta e seis casas ou iniciativas editoriais distintas, em (15) quinze cidades.

Expostos os números gerais da narrativa de autoria negra brasileira, passemos ao detalhamento das categorias de análise.

3.1 Autoras, autores x obras

Dentre os (57) cinquenta e sete contistas mapeados, (37) trinta e sete, ou seja, aproximadamente 65%, são do gênero masculino e (20) vinte, isto é, aproximadamente 35%, do gênero feminino.

---

6   Publicações como: *Onde estaes felicidade* (2014) e *Meu sonho é escrever*, de Carolina Maria de Jesus (2018); *A nova Califórnia e outros contos* (1994), *Contos reunidos* (2005) e *Contos completos*, de Lima Barreto (2010); "Gupeva" (1861) e "A escrava" (1887), de Maria Firmina dos Reis; *É Fogo*, de Maria Helena Vargas (1987); "A revelação póstuma" (1839), "A mãe-irmã" (1839) e "O enjeitado" (1839), de Francisco de Paula Brito.

Entre os autores com o maior número de publicações estão: Plínio Camillo, com (13) treze publicações individuais; Machado de Assis, com (07) sete; Cuti e Mestre Didi, com (05) cinco.

Maria Helena Vargas (M. Helena Vargas da Silveira) e Nei Lopes publicaram, cada um, (04) quatro livros de contos. Com (03) três publicações individuais temos (06) seis autores: Ademiro Alves (Sacolinha); Conceição Evaristo; Fábio Mandingo; Muniz Sodré; Ruth Guimarães e Valdomiro Martins.

Por sua vez, (12) doze autores publicaram, individualmente, (02) dois livros de contos: Aidil Araújo Lima; Cidinha da Silva; Cristiane Sobral; Eustáquio José Rodrigues; Geni Guimarães; Henrique Cunha Jr.; Itamar Vieira Junior; Jussara Santos; Mãe Beata de Yemonjá; Mãe Stella de Oxóssi, Mário Medeiros e Raul Astolfo Marques.

Por fim, (33) trinta e três autores contam com apenas (01) uma publicação, sendo eles: Abelardo Rodrigues; Adriano Moura; Alcidéia Miguel; Allan da Rosa; Alzira dos Santos Rufino; Anelito de Oliveira; Elisa Pereira; Elizandra Souza; Esmeralda Ribeiro; Fausto Antônio; Jorge Dikamba; José Ailton Ferreira (Bahia); José Endoença Martins; Lande Onawale; Lia Vieira; Lílian Paula Serra e Deus; Lima Barreto; Lu Ain-Zaila; Manto Costa; Michel Yakini; Miriam Alves; Nascimento Moraes; Nelson Maca; Oswaldo de Camargo; Paulo Colina (Paulo Eduardo de Oliveira); Paulo Dutra; Ramatis Jacinto; Raymundo de Souza Dantas; Rita Santana; Sergio Ballouk; Severo D'Acelino; Vagner Amaro e Waldemar Euzébio Pereira.

Os dados acima também podem ser visualizados de acordo com a seguinte tabela:

TABELA 4
Relação autores x quantidade de obras publicadas (contos)

Autores	Obras publicadas (contos)
Plínio Camillo	13
Machado de Assis	7
Cuti; Mestre Didi	5
Maria Helena Vargas (M. Helena Vargas da Silveira); Nei Lopes	4
Ademiro Alves (Sacolinha); Conceição Evaristo; Fábio Mandingo; Muniz Sodré; Ruth Guimarães; Valdomiro Martins	3
Aidil Araújo Lima; Cidinha da Silva; Cristiane Sobral; Eustáquio José Rodrigues; Geni Guimarães; Henrique Cunha Jr.; Itamar Vieira Junior; Jussara Santos; Mãe Beata de Yemonjá; Mãe Stella de Oxóssi; Mário Medeiros; Raul Astolfo Marques.	2
Abelardo Rodrigues; Adriano Moura; Alcidéia Miguel; Allan da Rosa; Alzira dos Santos Rufino; Anelito de Oliveira; Elisa Pereira; Elizandra Souza; Esmeralda Ribeiro; Fausto Antônio; Jorge Dikamba; José Ailton Ferreira (Bahia); José Endoença Martins; Lande Onawale; Lia Vieira; Lílian Paula Serra e Deus; Lima Barreto; Lu Ain-Zaila; Manto Costa; Michel Yakini; Miriam Alves; Nascimento Moraes; Nelson Maca; Oswaldo de Camargo; Paulo Colina (Paulo Eduardo de Oliveira); Paulo Dutra; Ramatis Jacinto; Raymundo de Souza Dantas; Rita Santana; Sergio Ballouk; Severo D'Acelino; Vagner Amaro; Waldemar Euzébio Pereira	1

Fonte: elaborado pelos autores

No gênero romance, dentre os (40) quarenta autores mapeados, (29) vinte e nove, ou seja, aproximadamente 72,5% do total, são do gênero masculino e (11) onze, aproximadamente 27,5% do total, do gênero feminino.

Entre os autores com o maior número de publicações estão: Machado de Assis, com (09) nove títulos; Nei Lopes, com (07) sete, seguido por Lima Barreto e Martinho da Vila, que publicaram (05) cinco romances cada um.

Os autores Edimilson de Almeida Pereira, Eliana Alves Cruz, Jeferson Tenório, Joel Rufino dos Santos e José do Patrocínio publicaram, cada um deles, (03) três obras. (13) treze autores publicaram (02) dois romances: Ademiro Alves (Sacolinha); Aline França; Ana Maria Gonçalves; Arlindo Veiga dos Santos; Carlos Correia Santos; Conceição Evaristo; José Endoença Martins; Lu Ain-Zaila; Miriam Alves; Muniz Sodré; Oswaldo Faustino; Paulo Lins e Raymundo de Souza Dantas.

Por fim, com (01) um romance publicado encontramos (18) dezoito autores: Adriano Moura; Alcidéia Miguel; Alzira dos Santos Rufino; Anajá Caetano; Eustáquio José Rodrigues; Fausto Antônio; Fernando Conceição; Francisco Maciel; Itamar Vieira Junior; Manto Costa; Maria Firmina dos Reis; Michel Yakini; Nascimento Moraes; Ramatis Jacino; Raul Astolfo Marques; Romeu Crusoé; Ruth Guimarães; Valdomiro Martins.

A tabela abaixo sintetiza os dados:

TABELA 5
Relação autores x quantidade de obras publicadas (romances)

Autores	Obras publicadas (romances)
Machado de Assis	9
Nei Lopes	7
Lima Barreto; Martinho da Vila	5
Edimilson de Almeida Pereira; Eliana Alves Cruz; Jeferson Tenório; Joel Rufino dos Santos; José do Patrocínio	3
Ademiro Alves (Sacolinha); Aline França; Ana Maria Gonçalves; Arlindo Veiga dos Santos; Carlos Correia Santos; Conceição Evaristo; José Endoença Martins; Lu Ain-Zaila; Miriam Alves; Muniz Sodré; Oswaldo Faustino; Paulo Lins; Raymundo de Souza Dantas	2
Adriano Moura; Alcidéia Miguel; Alzira dos Santos Rufino; Anajá Caetano; Eustáquio José Rodrigues; Fausto Antônio; Fernando Conceição; Francisco Maciel; Itamar Vieira Junior; Manto Costa; Maria Firmina dos Reis; Michel Yakini; Nascimento Moraes; Ramatis Jacino; Raul Astolfo Marques; Romeu Crusoé; Ruth Guimarães; Valdomiro Martins	1

Fonte: elaborado pelos autores

Dos (57) cinquenta e sete contistas, apenas quatro possuem pelo menos cinco livros publicados e, dos (40) quarenta romancistas, apenas quatro possuem pelo menos cinco títulos publicados. Considerando que "os discursos (todos) passam pelo poder dizê-lo" e que "o silêncio pertence à maioria que ouve e, quando muito, repete", Cuti tem razão ao enfatizar que "falar e ser ouvido é um ato de poder. Escrever e ser lido, também" (CUTI, 2010, p. 47). Tais dados sugerem um silenciamento velado do campo editorial em relação ao autor negro, ao menos no que diz respeito aos gêneros conto e romance. Se esse silenciamento nem sempre está explícito, por outro lado ele pode ser percebido tanto pelo "pequeno" número de obras individuais de autores negros (quando comparamos com os autores não-negros de nossa literatura), quanto pela desproporção entre autores negros e não-negros presentes em nossas historiografias literárias tradicionais.

Do ponto de vista do conto e do romance de autoria negra brasileira, é possível observar a predominância de autores que publicam poucas obras, sem periodicidade regular.

As dificuldades de criação e manutenção de uma ampla linhagem de contistas e romancistas negros brasileiros remontam, invariavelmente, ao regime escravista que vigorou no Brasil por mais de 300 anos, submetendo a população afrodescendente a um processo de desumanização e total privação de direitos. Considere-se também a forma como se deu a "abolição" deste regime. Cabe ressaltar as proibições impostas aos negros escravizados, tais como a de se alfabetizarem e frequentarem as escolas implantadas no Brasil até décadas após a libertação. Somemos a este cenário as perseguições sofridas por aqueles que já eram alfabetizados, sobretudo quando dominavam mais de um idioma, como foi o caso dos malês. Em diversos aspectos, privações impostas aos sujeitos de pele escura, no Brasil, não sofreram modificações profundas desde o término da escravatura, ao menos conforme evidenciam Silva e Araújo (2005)[7].

---

7   Para maiores informações, consultar SILVA, Geraldo; ARAÚJO, Márcia. Da interdição escolar às ações educacionais de sucesso: escolas dos movimentos

Além disso, a forma como o negro brasileiro teve acesso à escolarização, vale dizer, majoritariamente tardia e precária, reforça o controle imposto ao que poderia ou não ser dito, as tentativas de impedir a atuação de organizações negras e as formas de manter a hegemonia do poder centrado na branquitude. O afrodescendente deveria saber o suficiente para ser útil como mão de obra, aprendendo a lidar com as novas tecnologias de produção, mas não deveria ter autonomia sobre o próprio pensamento ou questionar a organização social vigente.

Em uma sociedade na qual o descendente de escravizados nunca foi, de fato, inserido, é extremamente arriscado discutir uma tradição de autores, principalmente se forem considerados os moldes por meio dos quais esta sociedade definiu parâmetros para avaliar o que merece o *status* de produção cultural ou, neste caso específico, de produção literária, aquilo que "merece" ser lido. O legado cultural negro ficou às margens dos mecanismos de construção do prestígio e de circulação de bens simbólicos.

Para que esteja acessível a seu público leitor, o autor de pele escura deve atravessar o primeiro "filtro", isto é, encontrar quem lhe abra a porta de acesso ao campo editorial, como exemplifica Cuti:

> As editoras, por exemplo, têm o que chamam de "linha editorial", demarcadora dos parâmetros de suas exigências para os que nela procuram a publicação de seus escritos. Essa "linha" norteia a(s) mensagem(ns) a ser(em) veiculada(s) de forma impressa e em determinados formatos. Assim como existe a tal "linha" orientando o crivo (a escolha) entre os títulos a serem publicados ou não, também, posteriormente, haverá a seleção do que, estando disponível no mercado, deve receber o aval da publicidade ou

---

negros e escolas profissionais, técnicas e tecnológicas. In: ROMÃO, Jeruse (Org.). *História da educação do negro e outras histórias*. Brasília: Ministério da Educação, Secretaria de Educação Continuada, Alfabetização e Diversidade, 2005. p. 65-78.

da cumplicidade dos meios de comunicação e do Estado para redundar em leitura (CUTI, 2010, p. 48-49).

Apesar da grande importância de antologias e grupos editoriais criados e mantidos por e para negros, é inegável o impacto que grandes editoras possuem no campo editorial brasileiro. Tal impacto não se resume à possibilidade de publicação (que pode se dar de outras maneiras, para além da vinculação a uma casa editorial), mas também reflete a visibilidade e a circulação das obras e, consequentemente, dos discursos que elas veiculam.

Arriscamo-nos a dizer que o panorama delineado neste livro demonstra as dificuldades de absorção que os autores negros encontram no campo editorial do nosso país. Para publicar, tais artistas precisam também construir, em grande medida, suas redes editoriais, isto é, a perspectiva de aceitabilidade de um discurso que afronte a "hierarquia" discursiva e epidérmica enraizada em nossa tradição literária[8]. A veiculação de um discurso afrocentrado dificilmente passará pelo filtro ideológico do campo editorial brasileiro *tout court*, o que praticamente obriga os autores aqui tratados a se organizarem em coletivos que fomentem seus ideais.

3.2 Locais de publicação

Das (113) cento e treze obras individuais de contos inventariadas, (41) quarenta e uma ocorreram na cidade de São Paulo/SP; (32) trinta e duas na cidade do Rio de Janeiro/RJ; (13) treze em Belo Horizonte/MG; (01) uma em Capinas/SP; (01) uma foi publicada em Jaú/SP; (01) uma em Lorena/SP; (01) uma em Petrópolis/RJ e (01) uma em Santos/SP. Ou seja, há uma grande concentração destes livros no sudeste brasileiro. Noventa e uma (91) obras, aproximadamente

---

8 Nas últimas décadas, temos notado ampliação de espaços para a literatura negra brasileira. Bom exemplo é participação do referido grupo autoral em eventos de literatura, como a Flip, e em diversos outros espaços.

80,53% do total de publicações, ocorreram em cidades pertencentes a essa região.

Em Porto Alegre/RS foram publicadas (05) cinco obras individuais de contos; (02) duas na cidade de Bagé/RS; (01) uma em Blumenau/SC e (01) uma em Curitiba/RS. A região sul conta com (09) nove publicações individuais, aproximadamente 7,96% do total.

Na região nordeste foram publicadas (12) doze obras individuais de contos, correspondendo a 10,62% do montante, distribuídas do seguinte modo: (06) seis publicações na cidade de Salvador/BA; (03) três em São Luís/MA; (01) uma em Aracaju/SE; (01) uma em Cachoeira (BA) e (01) uma em Itabuna (BA).

Em Brasília (DF), localizamos (01) uma publicação, aproximadamente 0,88% do total.

Este panorama editorial pode ser representado da seguinte forma:

TABELA 6
Relação entre locais de publicação x quantidade de obras publicadas (contos)

Local de publicação	Obras publicadas (contos)
São Paulo/SP	41
Rio de Janeiro/RJ	32
Belo Horizonte/MG	13
Salvador/BA	6
Porto Alegre/RS	5
São Luis/MA	3
Bagé/RS	2
Aracaju/SE; Blumenau/SC; Brasília/DF; Cachoeira/BA; Campinas/SP; Curitiba/PR; Itabuna/BA; Jaú/SP; Lorena/SP; Petrópolis/RJ; Santos/SP.	1

Fonte: elaborado pelos autores

No que diz respeito ao gênero romance, das (85) oitenta e cinco obras publicadas, (41) quarenta e uma ocorreram na cidade do Rio de Janeiro/RJ; (20) vinte em São Paulo/SP; (03) três em Belo Horizonte/MG; (01) uma em Campinas/SP; (01) em Juiz de Fora/MG e (01) em Santos/SP. Na região sudeste, encontramos (67) sessenta e sete livros, aproximadamente 78,8% do total inventariado.

Na cidade de Salvador/BA foram publicados (04) quatro romances; em São Luis/MA foram localizados (03) três. Em Anajé/BA foi encontrado (01) um romance. Dessa forma, na região nordeste foram publicados (08) oito livros, correspondendo a aproximadamente 9,4% do montante investigado.

Na região sul foram publicados (06) seis romances, aproximadamente 5,8% do valor total, sendo: (04) quatro publicações na cidade de Porto Alegre/RS; (01) uma em Blumenau/SC e (01) uma em Florianópolis/SC.

Na cidade de Belém/PA foram mapeados (02) dois romances, correspondendo aproximadamente a 2,35% do montante. Já em Brasília/DF foi visualizado (01) um romance, o que corresponde a aproximadamente 1,18% dos dados.

Um (01) romance foi publicado em Lisboa/Portugal.

TABELA 7
Relação entre locais de publicação x quantidade de obras publicadas (romances)

Local de publicação	Obras publicadas (romances)
Rio de Janeiro/ RJ	41
São Paulo/ SP	20
Porto Alegre/ RS; Salvador/ BA	4
Belo Horizonte/ MG; São Luís/ MA	3
Belém/ PA	2
Anajé/ BA; Blumenau/ SC; Brasília/ DF; Campinas/ SP; Florianópolis/ SC; Juiz de Fora/ MG; Santos/ SP	1
Lisboa – Portugal	1

Fonte: elaborada pelos autores

A grande alocação de publicações no eixo Rio de Janeiro / São Paulo, ao nosso ver, é um provável reflexo da concentração de renda do país, que não sofreu profundas modificações no modelo distributivo, sobretudo de bens simbólicos. Essa concentração pode ser lida como locais em que houve a ruptura com o silenciamento imposto de forma massiva ao negro brasileiro e como uma espécie de elemento facilitador do controle daquilo que é produzido. Afinal, os textos circulam em canais específicos e tradicionais, ainda que haja linhas de fuga em relação às formas consagradas de difusão literária. Bons exemplos são os movimentos e associações negros, como a Frente Negra Brasileira (FNB), o Teatro Experimental do Negro (TEN), o Movimento Negro Unificado e o Quilombhoje.

Como percebemos, a distribuição das obras individuais de contos e romances de autores negros brasileiros pelo nosso território confunde-se com as cidades onde tradicionalmente houve disponibilidade de tecnologias e ferramentas que viabilizavam a materialização do discurso em impresso.

Milton Santos (2015) destaca três aspectos materiais e políticos do mundo atual: a "globalização como fábula", a "globalização como perversidade" e uma "outra globalização", atrelada ao que o mundo pode vir a ser. A fábula da globalização associa-se à ideia de que o mundo está se tornando cada vez menor e mais acessível a todos. Contudo, como destaca o autor, ao mesmo tempo em que essa ideia é mascarada pela ótica da uniformidade, as diferenças locais são silenciadas ao invés de serem incorporadas nessa globalidade. Assim, para pensarmos a perversidade do fenômeno, temos que levar em conta que a globalização existe e se mantém a partir do agravamento das distinções entre as camadas sociais e territórios para garantir a hegemonia de determinados grupos sobre os outros. Apesar deste cenário, Milton Santos destaca uma alternativa, denominada como "outra globalização", mais humana, verificada no plano empírico pelo reconhecimento de

> [...] um certo número de fatos novos indicativos da emergência de uma nova história. O primeiro desses fenômenos

> é a enorme mistura de povos, raças, culturas, gostos, em todos os continentes. A isso se acrescente, graças aos progressos da informação, a "mistura" de filosofias, em detrimento do racionalismo europeu. Outro dado [...] é a produção de uma população aglomerada em áreas cada vez menores, o que permite um ainda maior dinamismo àquela mistura entre pessoas e filosofias. [...] Trata-se da existência de uma verdadeira sociodiversidade, historicamente muito mais significativa que a própria biodiversidade. Junte-se a esses fatos a emergência de uma cultura popular que se serve dos meios técnicos antes exclusivos da cultura de massas, permitindo-lhe exercer sobre essa última uma verdadeira revanche ou vingança (SANTOS, 2015, p. 20-21).

E, no plano teórico,

> [...] o que verificamos é a possibilidade de produção de um novo discurso, de uma nova metanarrativa, um novo grande relato. Esse novo discurso ganha relevância pelo fato de que, pela primeira vez na história do homem, se pode constatar a existência de uma universalidade empírica (SANTOS, 2015, p. 21).

A partir dessas reflexões de Milton Santos, propomos entender a resistência existente em relação ao discurso afrocentrado, uma vez que ele ameaça a hegemonia das filosofias e do racionalismo eurocêntrico, daí a "importância de dificultar" o acesso aos meios de cultura popular e o seu alcance, a fim de inviabilizar a "revanche" – sob a forma de nova metanarrativa – da população negra brasileira. Os novos discursos, como o da literatura de autoria negra brasileira, põem em xeque a existência de uma narrativa única, naturalizada como universal, inquestionável e verdadeira. Por consequência, tal linhagem de escrita também questiona os mecanismos estruturantes da literatura brasileira *tout court*.

Por mais que se busque esconder a verdadeira e perversa face da globalização sob a máscara de uniformidade, o cenário apresentado sugere, cada vez mais, a ocorrência da dupla tirania, vale dizer, a do dinheiro e a da informação, que se relacionam para fornecer "as bases do sistema ideológico que legitima as ações mais características da época e, ao mesmo tempo, buscam conformar segundo um novo *ethos* as relações sociais e interpessoais, influenciando o caráter das pessoas" (SANTOS, 2015, p. 37).

No campo da literatura e das artes como um todo, tal tirania revela-se de modo mais sutil, podendo ser percebida pelos silenciamentos de algumas camadas sociais. No caso específico deste livro, referimo-nos à população negra brasileira, contudo, é possível percebermos mecanismos semelhantes operando na exclusão dos demais grupos sistemicamente marginalizados – e de sua ausência nos meios de prestígio e nos grandes conglomerados editoriais.

Ao pensarmos nos dados obtidos e na concentração de publicações em determinadas cidades, podemos questionar em que medida os elevados custos de distribuição dificultam o acesso às obras, atrapalham a formação de público leitor e, como consequência, a formação de autores. Além disso, a concentração de livrarias, sebos e bibliotecas nas grandes capitais resulta da tirania imposta pelo dinheiro, que define quem terá acesso a bens e serviços simbólicos, tais como o texto literário.

De fato, a tirania da informação e a tirania do dinheiro são duas formas de violências centrais, sustentáculos do sistema ideológico que justifica as ações hegemônicas e leva ao império das fabulações, a percepções fragmentadas e ao discurso único do e sobre o mundo, base dos novos totalitarismos. E o campo literário não está imune a este aspecto. Conforme assevera Milton Santos,

> [...] as técnicas de informação são principalmente utilizadas por um punhado de atores em função de seus objetivos particulares. Essas técnicas de informação (por enquanto) são apropriadas por alguns Estados e por algumas

empresas, aprofundando assim os processos de criação de desigualdades. É desse modo que a periferia do sistema capitalista acaba se tornando mais periférica, seja porque não dispõe totalmente dos novos meios de produção, seja porque lhe escapa a possibilidade de controle (SANTOS, 2015, p. 38-39).

Vislumbrando o campo editorial brasileiro a partir desse ponto de vista, ainda que se ampliem os parques gráficos existentes, permanecerão os mecanismos de controle da informação, desde a escolha do produtor da informação até seu alcance. O leitor só pode selecionar o que lerá a partir do que lhe é disponibilizado, em escolhas que já são resultados de escolhas anteriores, que fogem ao seu controle. É deste modo que, por mais que observemos o aumento da oferta de títulos, o manejo da informação persiste por meio do domínio sobre os discursos nos territórios.

Outra leitura que os dados obtidos nos permitem refere-se ao desenvolvimento de uma nova globalização, no sentido apresentado por Milton Santos, ainda que em menor escala, pois as publicações inventariadas representam pequenas rupturas com as tiranias informacionais impostas, subversões das técnicas e formas de resistência dos grupos marginalizados.

Como já temos pontuado em diversos momentos de nosso trabalho, iniciativas coletivas negras foram e são importantes armas utilizadas no combate à tirania do dinheiro e da informação, especialmente aquelas dedicadas a garantir o acesso desta população à educação formal e a criação e gestão de um campo editorial genuinamente presidido pelos sujeitos de pele escura[9]. Em pleno século XXI, ainda há medidas necessárias para a reparação histórica de desigualdades, como os sistemas de cotas e a Lei 10.639/2003.

---

9 Retomaremos este aspecto adiante, na seção dedicada à produção não ficcional negra brasileira.

3.3 Editoras / iniciativas editoriais

Nesta seção, abordaremos as editoras ou iniciativas editoriais responsáveis pela publicação de contos e romances produzidos por autores negros brasileiros.

Os (113) cento e treze livros de contos foram publicados por (66) sessenta e seis casas ou iniciativas editoriais distintas. Sete (07) dessas publicações foram dos próprios autores.

Pela Editora Kazuá foram publicadas (11) onze obras individuais, enquanto a Editora Malê viabilizou (8) oito.

Através da Ciclo Contínuo, Garnier e Mazza Edições foram materializadas, em cada, (5) obras. Quatro (04) livros foram encontrados no Grupo Cultural Rainha Ginga e na Pallas Editora. A editora Nandyala publicou (3) três obras individuais, enquanto as editoras Patuá, Faro Editorial, GRD, Ilustra, Record e Scortecci foram responsáveis pela publicação de (2) obras.

Em (50) cinquenta casas editoriais – 11 Editora; Anima; Arte Literária; Blacktude; Bluhm; Caramurê Publicações; Casa de Palavras; CCM Editora; Centro Cultural "Teresa D'Ávila"; CODECRI; Colli Books; Corrupio; Dandara Gráfica Editora; Dulcina Editora; Edições Populares; EDICON; Editora FTD; Editora Gianlorenzo Schettino; Editora Guairá; Editora Kapulana; Editora Nós; Editora Oduduwa; Editora Venas Abiertas; Editora Voz Mulher; Folha Seca; Fundação Biblioteca Nacional; Fundação Nestlé de Cultural; José Olympio; Laemmert & Co. Editores; Literalis; Livraria Lombaerts & C.; Martins; MemoriAfro; MJIBA; Mondrongo; Odorizzi; Páginas Editora; Portuário Atelier Editorial; Quarto Setor Editorial; Quilombhoje; Relume-Dumará; Secult – Secretaria de Cultura da Bahia; Segundo Selo; Selo Negro; SIOGE; Sobá; Terceira Margem; Tipografia Frias; Tipografia Teixeira e Vozes – foi publicada apenas (1) uma obra individual de contos de autoria negra brasileira.

Os dados estão condensados na tabela a seguir:

TABELA 8
Relação entre editoras/iniciativas editoriais x quantidade de obras publicadas (contos)

Editoras / iniciativas editoriais	Obras publicadas (contos)
Editora Kazuá	11
Edição do autor	7
Editora Malê	8
Ciclo Contínuo; Garnier; Mazza Edições	5
Grupo Cultural Rainha Ginga; Pallas Editora	4
Nandyala	3
Editora Patuá; Faro Editorial; GRD; Ilustra; Record; Scortecci	2
11 Editora; Anima; Arte Literária; Blacktude; Bluhm; Caramurê Publicações; Casa de Palavras; CCM Editora; Centro Cultural "Teresa D'Ávila"; CODECRI; Colli Books; Corrupio; Dandara Gráfica Editora; Dulcina Editora; Edições Populares; EDICON; Editora FTD; Editora Gianlorenzo Schettino; Editora Guairá; Editora Kapulana; Editora Nós; Editora Oduduwa; Editora Venas Abiertas; Editora Voz Mulher; Folha Seca; Fundação Biblioteca Nacional; Fundação Nestlé de Cultural; José Olympio; Laemmert & Co. Editores; Literalis; Livraria Lombaerts & C.; Martins; MemoriAfro; MJIBA; Mondrongo; Odorizzi; Páginas Editora; Portuário Atelier Editorial; Quarto Setor Editorial; Quilombhoje; Relume-Dumará; Secult – Secretaria de Cultura da Bahia; Segundo Selo; Selo Negro; SIOGE; Sobá; Terceira Margem; Tipografia Frias; Tipografia Teixeira; Vozes	1

Fonte: elaborado pelos autores

Após a compilação dos dados obtidos referentes às publicações de romances produzidos por autores negros brasileiros, constatamos que as (85) oitenta e cinco obras se materializaram por meio de (66) sessenta e seis editoras ou iniciativas editoriais distintas.

Três (03) romances foram publicados por meio de Edição do autor. Pela Garnier foram publicados (06) seis livros. Já pela Editora Record foram publicadas (04) quatro. Por meio da ZFM Editora foram publicados (03) três.

Cada uma das editoras a seguir publicou (02) dois romances: Companhia das Letras; Malê; Mazza Edições; Pallas Editora; Rocco; Salesiana e Scortecci,

Contudo, (55) cinquenta e cinco casas editoriais contam, individualmente, com a publicação de (01) um romance, sendo elas: 11 Editora; Agir; Babel; Bertrand Brasil; Bestiário; Biblioteca 24 horas; Borboletas; Casarão do Verbo; Centro Cultural Nascimento de Moraes; Ciência Moderna; Clarindo Silva e Cia. Ltda.; Tipografia São Judas Tadeu; Clássica Editora; Córrego; Dandara Gráfica Editora; Ed. Ciência Moderna Ltda.; Edição da Livraria do Globo; Edicel; Edições Macondo; Editora Globo; Editora Littera; Editora Nós; Editora Relicário; Editora Vitória; Editores Gomes de Oliveira & C.; Tipografia do Globo; Estação Liberdade; Francisco Alves; Fundação Cultural Palmares; G. Viana & C.; Gazeta de Notícias (folhetins); Instituto de Artes do Pará; Irmãos di Giorgio; Língua Geral; Mérito; Nankim; Notrya; Nova Letra; Novo Século; Officinas d' "A Noite"; Ogun's Toques Negros; Paralelo 27; Planeta; Revista do Brasil; S.C.P.; Secretaria de Estado de Cultura – Pará; Selo Editorial RG; Selo Negro; Sette Letras; Sulina; Tipografia Nacional; Tipografia Revista dos Tribunais; Tipografia Teixeira; Todavia; Typografia da Gazeta da Tarde; Typographia do Progresso e Zouk.

Vale destacar que (01) uma das casas editoriais citadas – Clássica Editora – foi responsável por uma publicação fora do Brasil.

TABELA 9
Relação entre editoras/iniciativas editoriais x quantidade de obras publicadas
(romances)

Editoras / iniciativas editoriais	Obras publicadas (romances)
Garnier	6
Record	4
Edição do autor; ZFM Editora	3
Companhia das Letras; Malê Editora; Mazza Edições; Pallas Editora; Rocco; Salesiana; Scortecci	2
11 Editora; Agir; Babel; Bertrand Brasil; Bestiário; Biblioteca 24 horas; Borboletas; Casarão do Verbo; Centro Cultural Nascimento de Moraes; Ciência Moderna; Clarindo Silva e Cia. Ltda.; Tipografia São Judas Tadeu; Clássica Editora; Córrego; Dandara Gráfica Editora; Ed. Ciência Moderna Ltda.; Edição da Livraria do Globo; Edicel; Edições Macondo; Editora Globo; Editora Littera; Editora Nós; Editora Relicário; Editora Vitória; Editores Gomes de Oliveira & C; Tipografia do Globo; Estação Liberdade; Francisco Alves; Fundação Cultural Palmares; G. Viana & C.; Gazeta de Notícias (folhetins); Instituto de Artes do Pará; Irmãos di Giorgio; Língua Geral; Mérito; Nankim; Notrya; Nova Letra; Novo Século; Officinas d' "A Noite"; Ogun's Toques Negros; Paralelo 27; Planeta; Revista do Brasil; S.C.P.; Secretaria de Estado de Cultura – Pará; Selo Editorial RG; Selo Negro; Sette Letras; Sulina; Tipografia Nacional; Tipografia Revista dos Tribunais; Tipografia Teixeira; Todavia; Typografia da Gazeta da Tarde; Typographia do Progresso e Zouk	1

Fonte: elaborado pelos autores

Esse cenário reitera a tese de que o autor negro ainda encontra dificuldades em ser publicado por grandes editoras ou conglomerados editoriais, tendo que recorrer, muitas vezes, à criação de selos editoriais, a editoras independentes ou mesmo à autopublicação.

A fim de refletirmos acerca das dificuldades encontradas pelos autores negros para publicar seus textos, também podemos evocar as considerações feitas por Pierre Bourdieu (1968) acerca dos modos como o criador se relaciona com sua obra e como o fazer literário é afetado pelas relações que o autor estabelece com os diversos agentes do campo intelectual. Para o filosofo francês, ao mesmo tempo em que surgem as instâncias específicas de seleção e consagração intelectual, responsáveis por aumentar as distâncias entre o campo artístico e os campos político e econômico, os agentes do campo estão sujeitos à "concorrência" pela legitimidade cultural, de modo que, para garantir legitimidade no interior do campo, os autores "recém-chegados" devem se submeter aos ideais culturais e estéticos adotados pelos agentes "estabelecidos".

No contexto europeu do século XVIII, a figura do editor começa a tomar forma no instante em que os "patronos" desaparecem, de modo que as "editoras se tornaram, progressivamente, fonte de autoridade" (BOURDIEU, 1968, p. 108), sendo ao mesmo tempo instâncias de consagração e de difusão cultural. O campo cultural brasileiro estruturou-se, em alguns aspectos, de modo semelhante ao descrito por Bourdieu. Por aqui, as figuras do editor e das editoras têm significativa autoridade para legitimar os discursos e fazê-los ecoar no interior do campo literário.

Em "Campo intelectual e projeto criador" (1968), o sociólogo destaca também alguns agentes (ou sistemas de agentes, como o sistema de ensino, Academias ou círculos literários) que possuem maior ou menor peso em seu interior. Esses "pesos"

> [...] são definidos, ao menos no essencial, no seu ser e na sua função, por sua *posição* nessa estrutura e, pela *autoridade*, mais ou menos reconhecida, isto é, mais ou menos forte e mais ou menos extensa e sempre mediatizada por sua interação, que elas exercem ou pretendem exercer sobre o público, ao mesmo tempo capital e, em certa medida, árbitro da competição pela consagração e legitimidade intelectuais (BOURDIEU, 1968, p. 126-127, grifos do autor).

A consagração e a legitimação intelectual passam pelo julgamento daqueles agentes "aptos" a impor suas normas. Cabe a esses agentes e instituições, em geral detentores de significativos capitais de ordem cultural e/ou econômica, estabelecer qual discurso ocupará as posições centrais, oficiais ou canônicas do campo intelectual e qual discurso ocupará as posições marginais deste mesmo campo.

Tendo em mente que as alterações no campo intelectual ocorrem de modo lento e como resultado das disputas entre os seus agentes – no interior do campo e por meio das próprias regras do campo –, podemos compreender, conforme a perspectiva de Bourdieu, o motivo pelo qual o poder que a literatura emana não é pacificamente partilhado. Tendo em vista, ainda, a relativa autonomia do campo intelectual, entende-se também porque as conquistas que tornam a sociedade mais democrática nem sempre se refletem em diversidade cultural. Trata-se de um modo utilizado para manter o domínio por meio da legitimação e exaltação de alguns discursos, os quais alimentam o imaginário estabelecido e, consequentemente, em detrimento de outros.

Diversas obras foram publicadas por meio de edições dos próprios autores, por pequenas editoras, editoras de nicho ou selos editoriais. O impacto de tal cenário recai sobre a distribuição, entendida como a capacidade de fazer chegar os livros até os leitores. Já os grandes conglomerados editoriais possuem melhores condições de investir em publicidade e cobrir os gastos com transporte e exposição dos livros em grandes livrarias.

Apenas (05) cinco casas editoriais publicaram ao menos (05) cinco livros de contos, enquanto (50) cinquenta publicaram apenas (01) um livro. Sete (07) publicações de contos se materializaram por edições dos próprios autores. Em relação ao gênero romance, apenas (01) uma casa editorial publicou ao menos (05) cinco títulos e (55) cinquenta e cinco publicaram apenas (01) um. Três (03) foram a edições de romances viabilizadas pelos próprios autores. Atenta a este aspecto, assim adverte Regina Dalcastagnè: "as editoras mais importantes, que não são necessariamente as maiores, mas dificilmente estarão entre as menores, garantem a atenção de livreiros, leitores e críticos para seus lançamentos" (DALCASTAGNÈ, 2012, p. 151). Cabe a nós indagar qual o tamanho da dificuldade sentida por autores autopublicados, pequenas editoras e editoras independentes no que diz respeito à difusão de seus produtos culturais.

Nesse contexto, cabe ainda lembrar que a literatura de autoria negra brasileira se estrutura por meio de escolhas discursivas que explicitam sua identidade; logo, contrapõe-se aos discursos hegemônicos no campo literário, oriundos de autoria majoritariamente branca.

4

Períodos de publicação: poesia e narrativa (contos e romances)

98

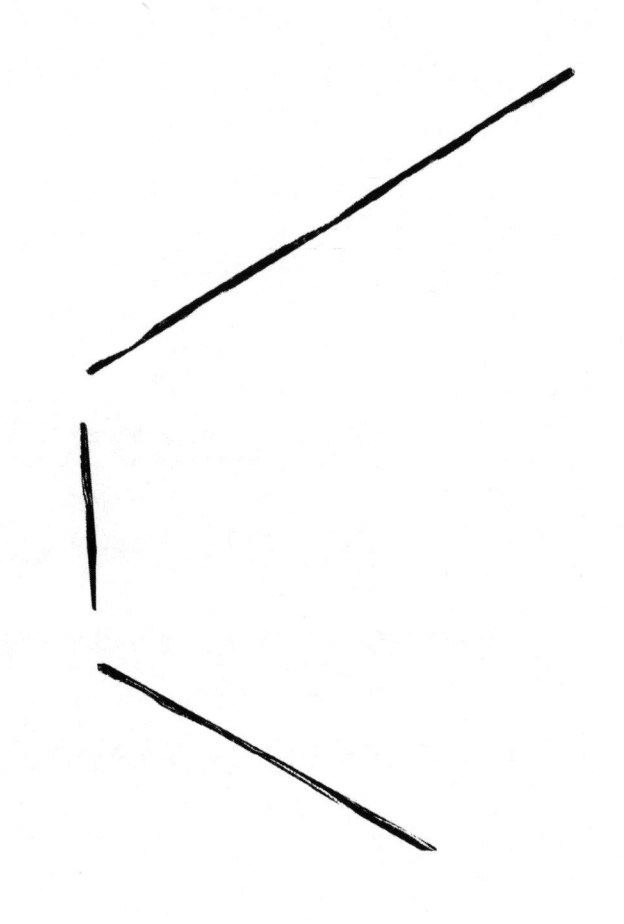

Nesta seção procuraremos analisar os fatores sociais, históricos e culturais relacionados à frequência de produções individuais da poesia e da narrativa de autoria negra brasileira. Agrupamos as publicações em períodos históricos, a fim de tratar da escrita de literatura, isto é, poesia e ficção[10]. Isso não quer dizer que estamos desconsiderando outras maneiras de enxergar os dados. Trata-se, reafirmamos, de uma orientação didática, que nos possibilita méritos e limitações, sobre os quais estamos cientes.

4.1 Poesia

O primeiro período a ser analisado compreende do ano em que localizamos a primeira obra individual de poesia de autoria negra brasileira, *Primeiras trovas burlescas de Getulino*, de Luiz Gama, publicado em 1859, até o ano de 1888, quando foi decretada, pela Lei Áurea, a abolição da escravatura no país.

Neste primeiro período, foram contabilizadas (09) nove publicações individuais de livros de poesia de autoria negra brasileira de (05) cinco autores distintos: Bernardino da Costa Lopes, Gonçalves Crespo, Luiz Gama, Machado de Assis e Maria Firmina dos Reis.

O segundo período definido para a análise das dinâmicas editoriais e sociais referentes à poesia de que tratamos compreende os anos de 1889, momento que marca a proclamação da República, até 1929, instante que antecede à Era Vargas. Ao longo desses 40 anos, foram contabilizados (14) quatorze títulos escritos por (06) seis autores distintos: Arlindo Veiga dos Santos, Bernardino da Costa Lopes, Cruz e Sousa, Eliseu César, Lino Guedes e Machado de Assis.

O terceiro período compreende os anos de 1930 a 1945 e tem como marcos a 2ª Guerra Mundial (1939-1945) e, especificamente no Brasil, a Revolução de 1930 e a continuidade da Era Vargas. Ao todo, nestes quinze anos, foram publicados (13) treze livros individuais de poesia de autoria negra brasileira de (04) quatro autores: Arlindo Veiga dos Santos, Eduardo de Oliveira, Lino Guedes e Solano Trindade.

O quarto período de análise foi definido a partir do final do governo de Getúlio Vargas, em 1945, até o ano que antecede os governos militares, iniciados em 1964. Neste período de dezenove anos, identificamos a publicação de (09) nove obras autorais, escritas por (05) cinco artistas: Eduardo de Oliveira, Lino Guedes, Oliveira Silveira, Oswaldo de Camargo e Solano Trindade.

---

10 A não ficção seguirá outra dinâmica de periodização. Isso porque há especificidades editoriais e temporais que não nos permitiriam agrupar ficção e não ficção nos mesmos intervalos/moldes de análise.

O quinto intervalo histórico de estudo compreende os anos de 1964 a 1985, período em que vigoraram no Brasil diversos governos militares. Durante este momento histórico foi registrada a aparição de (51) cinquenta e um livros individuais de poesias escritas por negros brasileiros, publicados por (25) vinte e cinco autores distintos: Abelardo Rodrigues, Adão Ventura, Antônio Vieira, Aristides Theodoro, Arnaldo Xavier, Carlos de Assumpção, Edimilson de Almeida Pereira, Edson Lopes Cardoso, Eduardo de Oliveira, Elio Ferreira, Estevão Maya-Maya, Geni Guimarães, Hermógenes Almeida, Ivan Cupertino, Jônatas Conceição, José Carlos Limeira, Lourdes Teodoro, Miriam Alves, Oliveira Silveira, Oswaldo de Camargo, Oubi Inaê Kibuko, Paulo Colina (Paulo Eduardo de Oliveira), Ronald Augusto, Santiago Dias e Waldemar Euzébio Pereira.

O último período de análise tem início com a queda do regime militar no Brasil e o estabelecimento da Nova República, em 1985, com a eleição de Tancredo Neves, e se estende até o ano de 2020, quando foi finalizado o levantamento de dados que permitiram a elaboração destas considerações. Nesses 35 anos, foram publicados (234) duzentos e trinta e quatro livros individuais de poesia, de autoria de (84) oitenta e quatro escritores: Abdias Nascimento, Abelardo Rodrigues, Abílio Ferreira, Aciomar de Oliveira, Adão Ventura, Adriano Moura, Akins Kintê, Allan da Rosa, Alzira dos Santos Rufino, Ana Cruz, Anelito de Oliveira, Anizio Vianna, Aristides Theodoro, Arnaldo Xavier, Carlos Correia Santos, Carlos de Assumpção, Carmen Faustino, Carolina Maria de Jesus, Cidinha da Silva, Conceição Evaristo, Cristiane Sobral, Cuti, Cyana Leahy-Dios, Débora Garcia, Edimilson de Almeida Pereira, Edson Lopes Cardoso, Eduardo de Oliveira, Éle Semog, Eliane Marques, Elio Ferreira, Elizandra Souza, Fausto Antonio, Fernanda Bastos, Fernando Conceição, Francisco Maciel, Geni Guimarães, Guellwaar Adún, Hermógenes Almeida, Ivan Cupertino, Jamu Minka, Jenyffer Nascimento, Jônatas Conceição, José Ailton Ferreira (Bahia), José Carlos Limeira, José Endoença Martins, Jussara Santos, Lande Onawale, Lepê Correia (Severino Lepê Correia), Lia Vieira, Lílian Paula Serra e Deus, Lilian Rocha, Lívia Natália, Lourdes Teodoro,

Lubi Prates, Marcos A. Dias, Marcos Fabrício Lopes da Silva, Maria Helena Vargas (M. Helena Vargas da Silveira), Mel Duarte, Michel Yakini, Natasha Felix, Nei Lopes, Neide Almeida, Nelson Maca, Nina Rizzi, Nívea Sabino, Oliveira Silveira, Oswaldo de Camargo, Oubi Inaê Kibuko, Paulo Colina (Paulo Eduardo de Oliveira), Paulo Dutra, Paulo Lins, Raquel Almeida, Ricardo Dias, Rita Santana, Ronald Augusto, Salgado Maranhão, Santiago Dias, Sergio Ballouk, Severo D'Acelino, Solano Trindade, Tatiana Nascimento, Waldemar Euzébio Pereira, Wesley Correia e Zainne Lima.

A tabela abaixo sintetiza os dados apresentados.

TABELA 10
Relação períodos de publicação x quantidade de obras publicadas (poesias)

Período	Quantidade de obras (poesias)
1859-1888	9
1889-1929	14
1930-1945	13
1946-1963	9
1964-1985	51
1986-2020	234

Fonte: elaborado pelos autores

4.2 Narrativa: conto e romance

A publicação de narrativas revela certa constância na frequência em relação aos períodos históricos brasileiros, uma vez que as produções literárias, assim como as demais produções artísticas, não se dão em um ambiente extramundo. Como nos alerta Bourdieu (1996), os campos artístico, literário, econômico e político, estabelecem entre si profundas relações. Partindo desse pressuposto, optamos por seguir aqui a mesma periodização utilizada para analisar os dados da poesia. Assim, levamos em consideração marcos históricos brasileiros, como a abolição da escravatura (1888), a Proclamação da República (1889), a Revolução de 1930 e a Ditadura Militar (1964-1985) e a redemocratização (1986-2020). A partir destes intervalos iremos refletir sobre a imprensa brasileira, o impresso no Brasil e a situação do negro em nossa sociedade.

No que diz respeito ao gênero conto, o panorama é o seguinte:

TABELA 11
Relação períodos de publicação x quantidade de obras publicadas (contos)

Período	Obras publicadas (contos)
1872-1888	4
1889-1929	6
1930-1945	1
1946-1963	2
1964-1985	5
1986-2020	95

Fonte: elaborado pelos autores

No que diz respeito ao gênero romance, o panorama é semelhante, conforme a tabela abaixo:

TABELA 12
Relação períodos de publicação x quantidade de obras publicadas (romances)

Período	Obras publicadas (romances)
1859-1888	9
1889-1929	12
1930-1945	1
1946-1963	4
1964-1985	2
1986-2020	57

Fonte: elaborado pelos autores

No gênero conto, o primeiro período a ser analisado compreende do ano em que localizamos as primeiras publicações individuais, 1872, até o ano de 1888, quando foi decretada, pela Lei Áurea, a abolição da escravatura no país.

Neste primeiro período, foram contabilizadas (04) quatro publicações individuais de livros de contos, todos de autoria de Machado de Assis.

No romance, por sua vez, o primeiro período a ser analisado compreende do ano em que localizamos a primeira publicação individual do gênero, 1859, até o ano de 1888.

Neste primeiro período, foram contabilizadas (09) nove publicações de romances e (03) três autores distintos: José do Patrocínio, Machado de Assis e Maria Firmina dos Reis.

Acreditamos que tal cenário pode ser explicado pelo desenvolvimento tardio da imprensa em nosso território, isto é, com a chegada da Família Real Portuguesa (1808), como destaca Laurence Hallewell, em *O livro no Brasil*. Tal fato culminou na inauguração de instituições centrais da cultura letrada, como gráficas, tipografias, casas livreiras e educandários.

A instalação da imprensa oficial no Brasil deu-se em 13 de maio de 1808, como aponta Márcia Abreu (2010), marcando o fim da interdição à publicação de impressos na colônia. Sua criação, contudo, impedia o estabelecimento de casas tipográficas em nossas terras, conferindo-lhe monopólio do mercado e facilitando a função censória, a fim de impedir a publicação de impressos que atentassem contra a religião, o governo e a moral vigente. Esse cenário manteve-se até o ano de 1821, momento em que "encerrou-se o monopólio da Impressão Régia no Rio de Janeiro e diversificou-se ainda mais o conjunto de editores e as possibilidades de impressão" (ABREU, 2010, p. 65).

O período que separa a chegada da imprensa oficial ao Brasil – em 1808 – e a publicação da primeira obra individual de poesia e romance de autoria negra brasileira – em 1859 – compreende cerca de 51 anos. Esse hiato pode ser lido como um resultado das censuras impostas pela Coroa, que deteve a exclusividade das publicações, somadas à precária educação formal e à (não) alfabetização do povo negro presente no Brasil, em grande parte, ainda na condição de escravizado.

Em tais condições, para se pensar na geração, absorção e disseminação de ideias de interesse da população negra e, ao mesmo tempo, dado o contexto escravocrata brasileiro, foi necessária a criação de redes de solidariedade que lutavam por garantias individuais e também pelo fortalecimento coletivo.

A esse respeito, podemos destacar o exemplo de Francisco de Paula Brito, um dos precursores da imprensa (e da literatura) de autoria negra brasileira. Brito estabelece laços de solidariedade com outros homens livres e de pele escura da cidade do Rio de Janeiro, entre as quais Joaquim Maria Machado de Assis que, aos quinze anos, trabalhou como revisor de provas na Tipografia Fluminense de Brito e Cia.

Além das dinâmicas editoriais e de imprensa, é importante refletirmos, também, sobre o acesso à educação, uma vez que ela é decisiva para a formação de autores e de público leitor. Como destacam Marco Antônio Beltine de Almeida e Lívia Sanchez (2016), somente

> [...] a Constituição Imperial de 1824 previu uma educação primaria gratuita a todos os cidadãos. Essa determinação excluía os escravizados, já de partida, do ponto de acesso aos estabelecimentos oficiais de ensino, mas possibilitava que a população negra liberta frequentasse essas instituições. [...] A escola era, então, entendida como forma de civilizar os grupos vistos pelas elites como impeditivos da coesão social brasileira. (ALMEIDA & SANCHEZ, 2016, p. 235)

Parte da população negra brasileira já estava impedida de ter acesso à educação primária gratuita, uma vez que era escravizada. A porcentagem negra liberta a quem o acesso era permitido deparava-se com uma educação cuja missão era "civilizatória".

Assim, para a implementação do modelo eurocêntrico desejado, era necessária a aculturação do sujeito negro, no sentido de suprimir toda e qualquer característica moral e cultural referentes à ancestralidade africana daquele coletivo populacional. Os hábitos e comportamentos que aludissem às origens afrodescendentes eram classificados como inadequados ao ambiente escolar.

Embora tenha sido publicada em 15 de outubro de 1827, na primeira lei imperial sobre a instrução pública, que vigoraria até 1946, não havia qualquer menção à educação escolar de negros. Almeida e Sanchez (2016) destacam ainda que "em alguns momentos do desenvolvimento da instrução pública, em diversas províncias, foi oficialmente negado o acesso da população negra às instituições escolares" (ALMEIDA & SANCHEZ, 2016, p. 236). Situação que contrasta com a realidade das crianças pertencentes às famílias ricas brasileiras, evidentemente brancas, que em geral eram educadas em instituições religiosas ou suas próprias casas.

As duas faces da "distribuição" desigual da educação sem dúvida colaboraram para o desequilíbrio no acesso ao capital cultural, uma vez que foi facilitada a permanência das camadas brancas e ricas nos meios de consagração e legitimação, nas redes de sociabilidade e nos meios formais de instrução. A conquista da educação pelas camadas marginalizadas da sociedade, aqui entendidas como negros e pobres, deu-se, principalmente, por meio de organizações formadas pela população escravizada que obteve acesso à alfabetização e ao letramento pela observação lateral das aulas recebidas pelos filhos de nossas elites.

Apenas em 1879, com a reforma do Ensino Primário e Secundário de Leôncio Carvalho, "instituiu-se a obrigatoriedade do ensino dos sete aos quatorze anos e caiu o veto que proibia a frequência dos escravos nas escolas públicas" (ALMEIDA & SANCHEZ, 2016, p. 238). A partir do letramento[11] de alguns negros nos ambientes formais,

---

11 Letramento é entendido, neste contexto, como o ensino da leitura e da escrita, uma das ferramentas para inserir o indivíduo em uma sociedade, capacitando-o para atender às demandas cotidianas. A este respeito, vale conferir, dentre outros, *No mundo da escrita: uma perspectiva psicolinguística*, de Mary Kato (1986).

houve a possibilidade de instrução em ambientes informais, fato que ampliou, às avessas, o acesso ao conhecimento escolar por parte dos grupos excluídos. Sendo assim, é possível perceber nitidamente que o primeiro empecilho imposto ao negro para ingresso no campo literário, seja como produtor, seja como consumidor, foi o acesso à cultura letrada. Se, por um lado, podemos ter encontrado "pequeno" número de títulos publicados por autores de pele escura neste primeiro período analisado (ao menos se considerarmos a poesia, o conto e o romance), este número é significativo tanto da evidente exclusão do coletivo afrodescendente da vida literária, quanto do esforço deste conjunto populacional para romper as amarras da exclusão. Há esforço aqui de alteração do estado de coisas. Esforço que tende a ser aumentado, mesmo diante das inúmeras dificuldades, em períodos posteriores, conforme veremos.

O segundo período definido para a análise das dinâmicas editoriais e sociais referentes aos gêneros ficcionais da literatura de autoria negra brasileira compreende os anos de 1889 até o ano de 1929. Ao longo desses 40 anos, foram contabilizados (06) seis livros de contos publicados por três autores distintos: Lima Barreto, Machado de Assis e Raul Astolfo Marques. Contabilizamos, também, (12) doze romances publicados por (05) cinco autores: Arlindo Veiga dos Santos, Lima Barreto, Machado de Assis, Nascimento Moraes e Raul Astolfo Marques.

Abdias Nascimento (1980), ao analisar os mecanismos que criaram e sustentaram o "racismo à brasileira" e a importância de dedicarmo-nos ao resgate da identidade negra e da ancestralidade africana, classifica o pós-abolição da escravatura como o assassinato em massa da população de pele escura. De acordo com Nascimento, o simples ato jurídico da abolição de um sistema escravista sem qualquer reparação ou tentativa de inserção da população escravizada na sociedade nacional não foi suficiente para alterar a condição de subalternidade à qual os negros estavam condicionados. A "cidadania" concedida ao descendente de escravizados não era suficiente para garantir condições de sobrevivência – como moradia, alimento, emprego ou assistência médica –, igualdade ou acesso aos locais e meios de prestígio e legitimação social ou intelectual.

Muito além de uma espécie de "cidadão de segunda classe", o negro era "presença indesejada" na sociedade brasileira. Como destaca Nascimento (1978), "o país obtivera em 1822 uma independência apenas formal, permanecendo sua economia, sua mentalidade e cultura dependentes e colonizados", de modo que "foi natural que de lá [das metrópoles europeias] chegassem ao Brasil os conceitos racistas do ideal ariano" (NASCIMENTO, 1978, p. 67).

Enquanto na Europa do século XIX esses ideais associavam-se à necessidade de justificar de modo "científico" as hierarquias sociais estabelecidas em virtude da expansão do capitalismo industrial, ao analisar como essa realidade é absorvida no contexto brasileiro, Antônio Sérgio Alfredo Guimarães ressalta que

> [...] a doutrina liberal do século XIX, segundo a qual os pobres eram pobres porque eram inferiores, encontrava, no Brasil, sua aparência de legitimidade no aniquilamento cultural dos costumes africanos e na condição de pobreza e de exclusão política, social e cultural da grande massa dos pretos e mestiços. A condição de pobreza dos pretos e mestiços, assim como, anteriormente, a condição servil dos escravos, era tomada como marca de inferioridade. (GUIMARÃES, 2009, p. 49)

Sendo os "pretos e mestiços" "inferiores" aos brancos, a solução para extirpar da nação brasileira tal "marca de inferioridade" era simples: clarear a população brasileira até eliminar qualquer traço que remetesse às origens africanas. Esse processo de embranquecimento engloba tanto as esferas fenotípicas, por meio da estimulação da "mestiçagem", quanto as esferas políticas, sociais e culturais. Não é de se espantar, portanto, a dificuldade de acesso de autores negros aos mecanismos de produção editorial. Afinal, o embranquecimento também passava pelo domínio da circulação discursiva.

Além disso, as leis de imigração do período pós-abolicionista foram concebidas dentro da lógica de embranquecimento populacional, estimulando, mediante Decreto de 28 de junho de 1890, a entrada de indivíduos europeus aptos para o trabalho. Ao mesmo tempo, o documento condicionava o aceite de africanos ou asiáticos em nosso país à autorização do Congresso Nacional, o que vai ao encontro de várias teorias "científicas" desenvolvidas por muitos pensadores daquele período. Exemplo desta postura provém de João Batista de Lacerda, quem defendeu, durante o Primeiro Congresso Universal de Raças, realizado em Londres, em 1911, a extinção da população negra no Brasil em um período estimado de 100 anos. Conforme explica Abdias do Nascimento (1978, p. 73), a eliminação do negro não constituía apenas uma teoria abstrata, mas fora calculada como estratégia de destruição, porque o Estado brasileiro deixaria os sujeitos de pele escura expostos a toda espécie de agentes de destruição e sem recursos suficientes para se manter.

Desse modo, torna-se evidente que a marginalização da população negra e, como consequência, do discurso afrocentrado, são frutos de uma atitude consciente, portanto política e cuidadosamente pensada. A respeito dos processos de exclusão que, de forma mais ou menos explícita, tornavam a população negra "indefesa" diante daquela organização social, podemos também destacar as medidas que refletiam no acesso à educação formal, como a reforma Rivadávia Correia, implantada em 1911, que adotou "a realização de exames admissionais e a cobrança de taxas nas escolas, impossibilitando o acesso de grandes parcelas da população nas instituições oficiais de ensino" (ALMEIDA & SANCHEZ, 2016, p. 238), ou seja, restringindo o seu acesso às elites.

Primeiro, excluía-se a pessoa negra das cidades, negando a ela acesso à moradia, alimentação, educação formal e saúde; posteriormente, excluíam-se as ideias, por meio da eliminação das manifestações culturais, dos traços linguísticos e dos valores estéticos. Como podemos falar, então, de autores negros em uma sociedade que adotou e adota ainda medidas que sentenciam esta população à exclusão?

A resposta a esse questionamento surge em 1889, quando tal coletivo se organizou a fim de militar pelos seus direitos, em que a educação apareceria sempre como uma reinvindicação prioritária. Surgem os primeiros Movimentos Negros brasileiros que, "ainda sem projeto ideológico e político mais amplo, eram conhecidos, à época, como movimento associativo dos homens de cor" (ALMEIDA & SANCHEZ, 2016, p. 238). Esses movimentos mesclavam iniciativas educacionais, assistenciais, jurídicas e médicas, além de campanhas eleitorais e publicação de jornais (cf. ALMEIDA & SANCHEZ, 2016, p. 238).

Outro aspecto de grande relevância para o surgimento e a manutenção de um campo literário brasileiro, principalmente neste momento histórico, foram os esforços investidos para a criação, em 20 de julho de 1897, da Academia Brasileira de Letras. Como destaca João Paulo Coelho de Souza Rodrigues, ao analisar seu surgimento e funcionamento durante a República Velha, além de contribuir para a divulgação da literatura e a profissionalização do escritor, a estruturação da Academia significou, uma forma de "produzir e fazer circular não só aquilo que entendia ser a tradição intelectual brasileira, mas também obras e autores novos que, a seu ver, poderiam representar o novo caminho da cultura nacional" (RODRIGUES, 2010, p. 537).

É importante ainda ressaltar o papel da imprensa e, especialmente, da imprensa negra, que se articulava desde o final do século XIX e foi primordial para denunciar o racismo e lutar pela cidadania dos afro-brasileiros. De modo geral, os autores que publicaram obras literárias, nos gêneros estudados, possuíam algum envolvimento com o universo da edição, comprovando a profunda relação entre esta atividade e a literatura do período, o que, sem dúvidas, contribuiu para que conseguissem materializar seus discursos a despeito dos processos excludentes.

O próximo período didático-temporal compreende os anos de 1930 a 1945. Ao longo da República Velha, que vigorou de 1889 a 1930, as eleições para o cargo de Presidente da República ocorriam de acordo com a política conhecida como "café com leite", em que as oligarquias, constituídas pelos grandes cafeicultores paulistas e os produtores de leite mineiros, mantinham-se no poder por meio da alternância entre os candidatos escolhidos. A Revolução de 1930, por sua vez, marcou o movimento armado que, liderado pelos estados de Minas Gerais, Paraíba e Rio Grande do Sul, impediu a posse do candidato eleito, Júlio Prestes, indicado pela oligarquia paulista e que rompeu com a oligarquia mineira, processo que resultou em Getúlio Vargas assumindo a chefia do Governo Provisório.

O Governo Provisório de Getúlio Vargas teve duração de quatro anos, quando foi decretada a Constituição de 1934, a qual marcou o início do Governo Constitucional. Este, por sua vez, vigorou até o ano de 1937, quando se iniciaram as campanhas para eleição de um novo presidente que assumiria a partir de 1938. Contudo, naquele mesmo ano, 1937, Getúlio Vargas recusou-se a apoiar qualquer candidato e, com o apoio do exército nacional, declarou um golpe de Estado e permaneceu na presidência até 1945.

Ao todo, nestes quinze anos, foi publicado (01) um livro individual de contos de autoria negra brasileira e um romance, ambos escritos por Raymundo de Souza Dantas.

Ainda que, quantitativamente, não tenha havido aumento expressivo nas publicações dos gêneros ficcionais aqui estudados, a população negra organizava-se de modo mais estruturado, em movimentos e associações de natureza política.

A esta altura, os primeiros movimentos negros articulavam-se considerando os mais diversos campos de atuação. Neste cenário, destaca-se a Frente Negra Brasileira (FNB), criada em outubro de 1931, no estado de São Paulo, como "tentativa de estruturação orgânica dos quadros com uma liderança burocrática bem definida e com uma disciplina mais ou menos delimitada" (FERNANDES, 1989, p. 73).

Além de uma expressiva quantidade de associados, a entidade manteve, ainda, escola, grupo musical e teatral, cursos de formação – política, de artes e ofícios – e ofereceu importantes serviços médicos e odontológicos, além de trabalhos assistencialistas. Eventos como bailes e festivais também estavam na pauta de atuação da FNB, bem como a publicação do jornal *A Voz da Raça*. Petrônio Domingues (2007) pontua, inclusive, a participação ativa das mulheres negras na Frente.

No ano de 1936, a organização "transformou-se em partido político e pretendia participar das próximas eleições a fim de capitalizar o voto da 'população de cor'" (DOMINGUES, 2007, p. 106). Contudo, em 1937, com a instauração do Estado Novo, o coletivo, assim como todas as demais agremiações políticas, foi extinto. "O movimento negro, no bojo dos demais movimentos sociais, foi então esvaziado" (DOMINGUES, 2007, p. 107).

Não podemos, contudo, associar as perseguições às organizações negras apenas ao viés político. É importante ressaltarmos o impacto que as ideologias racistas, sob o pseudônimo de ciência, tiveram neste cenário. Transcorridas apenas algumas décadas desde o fim da escravidão no Brasil, o ideal de branqueamento da população permanecia firme, "justificado" pela superioridade intelectual e biológica das raças europeias.

As ações dos movimentos negros tinham entre suas principais reinvindicações aquelas atreladas à educação, uma vez que o alto índice de analfabetismo continuava sendo uma realidade. A formação de autores e de um público leitor estava e está condicionada à criação de uma população capaz de ler e produzir textos, além do estabelecimento de critérios estéticos que permitam que tais produções sejam bem recebidas e possam circular na cena pública.

A Constituição de 1934, vale sublinhar, apesar de tornar obrigatória a educação escolar, não determinou que ela fosse realizada em instituições oficiais e não explicitava em seu texto como se daria a inserção de negros no processo formativo. A partir de 1937, com a instituição do Estado Novo, a dissolução dos partidos políticos e a criação do Ministério da Educação e Saúde, tornou-se claro que, no modelo de escola desejado, não havia ações especificamente direcionadas a qualquer grupo racial não-branco, tampouco medidas de reparação histórica. Em outras palavras, o ambiente escolar era um poderoso espaço para construção de uma identidade nacional e, nesse caso, de uma nação que, sob a cortina de "democracia racial", buscava abafar as manifestações culturais que fugissem do padrão eurocêntrico desejado.

Como destaca Bourdieu (1996), a escola, "através da delimitação entre o que merece ser transmitido e reconhecido e o que não merece, reproduz continuamente a distinção entre as obras consagradas e as ilegítimas, ao mesmo tempo, entre a maneira legítima e a ilegítima de abordar as obras legítimas" (BOURDIEU, 1996, p. 169). Seria ingênuo afirmar que as produções literárias negras brasileiras seriam legitimadas em uma estrutura escolar avessa à afrodescendência ou mesmo que circulariam naquele ambiente. Caberia, mais uma vez, aos produtores de literatura negra a criação e manutenção de espaços nos quais seus discursos pudessem circular.

Outra instituição negra que surgiu neste momento foi a União dos Homens de Cor, fundada em 1943, na cidade de Porto Alegre, a qual defendia o ensino público gratuito e que admitisse estudantes negros, inclusive no ensino superior. Além disso, atuava com diversas outras iniciativas, como programas de alfabetização e a criação de uma escola. Tais ações permitiam que os indivíduos negros tivessem acesso à leitura e à escrita, a fim de reduzir o abismo que os separava de outras camadas sociais.

Na mesma direção, cabe destacar o surgimento do Teatro Experimental do Negro, em 1944, liderado por Abdias Nascimento. O coletivo valeu-se da arte para denunciar a situação de marginalização da população afrodescendente e questionar a suposta "democracia racial".

Deste modo, para além da quantidade de obras publicadas, nos diversos gêneros, nesse período, é decisivo considerar como as manifestações culturais, entre elas as literárias, e as organizações negras foram decisivas para lutar contra a exclusão social.

O quarto período de análise foi 1945 a 1964. Este intervalo de tempo é marcado pela reestruturação mundial após o fim da 2ª Guerra (1939-1945) e pela polarização global em virtude da Guerra Fria (1941-1991), conflito econômico, tecnológico, diplomático e ideológico protagonizado pelos Estados Unidos da América e pela então União

Soviética. No período, o Brasil viveu intensa industrialização e forte integração ao capitalismo ocidental.

Assumiram o poder o General Eurico Gaspar Dutra (1946-1951), Getúlio Vargas (1951-1954), Juscelino Kubitscheck (1956-1961), Jânio Quadros (1961) e João Goulart (1961-1964), em governos marcados por fortes tensões sociais e políticas. Muitas delas refletiram exatamente a polarização entre os sistemas capitalista e socialista, que imperavam após o referido conflito armado. Durantes os governos citados, é possível perceber a adoção de medidas ora mais conservadoras, ora mais populistas[12].

Neste período de dezenove anos, identificamos a publicação de (02) duas obras de contos, escritas por Mestre Didi; e (04) quatro romances, escritos por (04) quatro autores: Lima Barreto, Raymundo de Souza Dantas, Romeu Crusoé e Ruth Guimarães.

Como destaca Petrônio Domingues (2007), enquanto nos anos de vigência do Estado Novo houve intensa repressão política e perseguição a movimentos sociais, após a queda do regime Varguista os movimentos negros recobraram o fôlego, ampliando o seu poder de ação, ainda que a capacidade de aglutinação fosse menor que no período anterior. Os principais agrupamentos deste momento – Teatro Experimental do Negro (TEN) e a União dos Homens de Cor (UHC) – sofreram enormes repressões.

A promulgação de uma nova Carta Constitucional, em 1946, não foi o bastante para contemplar as reivindicações feitas pelos movimentos negros no Manifesto de Defesa da Democracia (1945), a fim de evidenciar o caráter multirracial da sociedade brasileira, pois, como denunciam Almeida e Sanchez (2016, p. 241), "feriam o sentido mais amplo da democracia ao reivindicar direitos especificamente voltados à população negra". Cabe, de todo modo, questionar se o reconhecimento do Brasil como um país multirracial realmente fere a democracia em seu sentido mais amplo.

---

12 A este respeito, vale consultar FAUSTO, Boris. *História do Brasil*. São Paulo: Editora da Universidade de São Paulo, 2009.

Ao mesmo tempo que as organizações negras buscavam criar espaços e meios para a existência e repercussão de seus discursos, também lutavam para que ao menos parte dessa diversidade discursiva fosse garantida e fomentada pelos meios legais, de modo que reivindicavam, junto ao Poder Público, a inclusão da História da África e dos africanos, da luta dos negros no Brasil e da sua participação na formação da sociedade e da cultura brasileiras nos programas escolares.

As reivindicações não foram prontamente aceitas, contudo,

> [...] um pequeno avanço ocorreu em 1961, quando a Lei de Diretrizes e Bases da Educação Nacional referiu-se ao preconceito racial, condenando qualquer tratamento desigual por motivo de convicção filosófica, política ou religiosa, bem como a quaisquer preconceitos de classe ou raça. (ALMEIDA & SANCHEZ, 2016, p. 241)

Embora não possamos falar, neste momento, da inclusão da história da África e das populações africanas no Brasil nos currículos escolares, a reprovação de qualquer tipo de preconceito racial expressa na Lei de Diretrizes e Bases da Educação Nacional de 1961 foi mantida nas redações de 1968 e 1971.

Ainda que durante o período não tenhamos percebido um salto na quantidade de publicações individuais dos gêneros aqui estudados, é válido salientarmos a importância da reestruturação dos movimentos negros e de suas ações de resistência.

O quinto intervalo histórico de estudo compreende os anos de 1964 a 1985. Por meio do fortalecimento do poder central, em especial do Poder Executivo, o Alto Comando das Forças Armadas controlou, durante todo o período, a sucessão presidencial, apontando qual seria o candidato a ser referendado pelo Congresso Nacional, de tal sorte que os presidentes no período foram: Humberto de Alencar Castelo Branco (1964-1967), Artur da Costa e Silva (1967-1969), Emílio Garrastazu Médici (1969-1974), Ernesto Geisel (1974-1979) e João Figueiredo (1979-1985).

No decorrer desses 21 anos de governo militar, foram decretados diversos Atos Institucionais, que possibilitaram práticas como a censura, a perseguição política, a supressão de direitos – e da própria Constituição – e a dura repressão de todos que se mostravam contrários ao regime vigente.

Durante este momento histórico foi registrada a publicação de (05) cinco livros individuais de contos, por (04) quatro autores distintos: Mestre Didi, Nascimento Moraes, Oswaldo de Camargo e Paulo Colina (Paulo Eduardo de Oliveira). Também foi registrada a publicação de (02) dois romances, escritos por (02) duas autoras: Aline França e Anajá Caetano.

Ao investigar o impacto dos governos militares no campo cultural, Sandra Reimão aponta dois momentos distintos: no primeiro, situado nos anos iniciais da ditadura militar, o mercado editorial encontrava-se "razoavelmente solto, apesar de vítima de vandalismos" (REIMÃO, 2010, p. 273), pois, uma vez que não havia um sistema de censura com critérios bem estabelecidos, invasões a livrarias, editoras e seus depósitos para apreensões de livros, além da coerção física de escritores e editores, eram formas comuns. No segundo momento, posterior ao ano de 1968, as ações ditatoriais centralizavam-se no Serviço de Censura e Diversões Públicas (SCDP) e tinham como objetivo impedir a circulação de produtos culturais.

Um dos principais marcos responsáveis pela diferenciação desses momentos históricos é a promulgação, em 13 de dezembro de 1968, do Ato Institucional 5 (AI-5), pelo então presidente Artur da Costa e Silva. O AI-5 é considerado o mais severo dos dezessete Atos Institucionais emitidos durante o governo militar. Baseando-se "na liberdade, no respeito à dignidade da pessoa humana, no combate à subversão e às ideologias contrárias às tradições de nosso povo" (BRASIL, 1968), o documento previa, entre outras coisas, a censura prévia de música, cinema, teatro, espetáculos públicos, televisão, imprensa, literatura e demais meios de comunicação, além de tornar ilegais as reuniões não autorizadas pela polícia ou que fossem consideradas políticas.

Além da censura às produções artísticas e culturais, os primeiros anos do regime militar serviram, também, para desarticular e fragmentar os movimentos sociais, inclusive aqueles que incentivavam os debates públicos a respeito de temáticas raciais. Como é explicitado na seção dedicada a discutir a perseguição à população e ao movimento negro, constante no *Relatório elaborado pela Comissão da Verdade*, instituída e sancionada, em 2011, pela então presidenta Dilma Rousseff, "a ditadura militar não inventou a perseguição ao movimento negro, tampouco a censura oficial ou não" (RELATÓRIO DA Comissão..., 2015, p. 11), mas é inegável que a população negra, principalmente por ser maioria entre os mais pobres, foi intensamente atingida pelas práticas autoritárias do período. Ainda de acordo com o Relatório produzido pela Comissão da Verdade, é

> [...] difícil mensurar as diversas formas de violações sofridas pela população negra durante o período da ditadura no país, basta rememorar notícias de jornais, onde os negros e pobres figuravam em maior parte do noticiário policial. O principal legado da ditadura foi jogar o negro nas favelas e periferias carentes de serviços básicos. (RELATÓRIO DA Comissão..., 2015, p. 1.)

Retornamos, então, à questão que permeia este trabalho: nos mais diversos períodos históricos, em um país onde o discurso eurocêntrico toma *status* de verdade e é naturalizado, e no qual a população negra permanece às margens, como falar de uma tradição letrada constituída por autores negros? Como fazer circular o discurso de uma população para a qual foi negado o acesso aos meios de legitimação cultural? A própria luta contra o racismo era tida como "mera estratégia das esquerdas para realizar a 'guerra revolucionária' no país" (RELATÓRIO DA Comissão..., 2015), de modo que os militantes e movimentos negros foram duramente criminalizados.

A instauração do Ato Institucional nº 5, como abordado anteriormente, também marcou a fase mais cruel da ditadura militar no

Brasil e teve impacto direto nas manifestações artísticas e culturais de pessoas negras, pois a doutrina de segurança nacional era inerentemente racista e

> [...] o racismo dessa doutrina manifestava-se, entre outros fatores, na negação oficial do racismo e das práticas discriminatórias do regime contra a população negra, que não se davam apenas no campo da segurança pública: havia a censura, que também seguia a ideologia do branqueamento e da invisibilização do racismo. [...] A censura também vinha da parte dos grandes grupos econômicos que apoiavam a ditadura militar. (RELATÓRIO DA Comissão..., 2015)

O AI-5 vigorou entre os anos de 1968 e 1978, sendo posteriormente revogado, em 1979, por meio da Emenda Constitucional nº 11. Este documento oficializou a "liberalização" do governo militar, a qual começou a ser lentamente implantada a partir de Ernesto Geisel.

De modo geral, o mercado editorial brasileiro, como pontua Hallewell (2012), influenciado pela gradual abertura política, apresentou um rápido crescimento e estava começando a demonstrar maturidade. Se, durante os primeiros anos do século XX, as discussões acerca das condições de profissionalização do trabalho intelectual estavam em voga, nas décadas finais do mesmo século a questão já havia sido razoavelmente superada. É importante destacar, contudo, que o crescimento e a consolidação do mercado editorial não refletem, necessariamente, sua diversificação discursiva. Ainda que facilitem e barateiem os valores de produção impressa, bem como permitam a profissionalização e a especialização dos indivíduos, isso não significa que os autores negros tiveram/têm amplo acesso aos meios de produção e legitimação cultural.

Para promover maior entrada nos locais de prestígio cultural, os movimentos negros do Brasil, após toda a repressão do período, ao final dos anos 1970, recobram seu fôlego - talvez pelo impacto da abertura política proposta por Ernesto Geisel - e, em 1978, surge do Movimento Negro Unificado (MNU). Este coletivo buscava evidenciar as demandas da população negra no Brasil, além de resgatar a identidade e a autoestima dos indivíduos oriundos de África. Uma das bandeiras levantadas pelo Movimento era ensinar a história da população afrodescendente nas escolas, demanda que possui relação direta com a desconstrução da narrativa do branqueamento.

A Primeira Edição do Festival Comunitário Negro Zumbi (1 FECONEZU), promovida pelo Movimento Negro Unificado, no estado de São Paulo, em 1978, reflete a importância da criação de ambientes que suscitem a circulação de discursos afrocentrados, principalmente no que diz respeito à literatura de autoria negra brasileira. Nesse evento, Ângela Lopes Galvão, Célia Aparecida Pereira, Cuti, Eduardo de Oliveira, Henrique Cunha, Hugo Ferreira da Silva, Jamu Minka e Oswaldo Camargo lançaram uma brochura contendo 52 páginas impressas em tipografia sob o título de *Cadernos Negros*. Essa edição foi idealizada e editada pelos autores, que arcaram com os custos, e trazia poesias escritas por eles. A edição resultou na criação do grupo Quilombhoje, que adotou esse nome em 1980 e é o responsável pela série até os dias de hoje.

Cadernos Negros publica anualmente, desde o ano de 1978 até a presente data, poesias e contos. É importante destacar o impacto que a criação da série e do Grupo Quilombhoje teve, diretamente, para a promoção dos referidos gêneros e, indiretamente, na produção do gênero romance, produzidos pela e para a população afrodescendente em nosso país.

O surgimento e a consolidação de publicações coletivas são elementos decisivos para a formação de um público leitor negro e, consequentemente, produtor de literatura. Em grande medida, são essas as publicações partilhadas que garantiram acesso e permanência no campo literário e viabilizaram o surgimento de produções individuais escritas por autores de pele escura.

O último período de análise tem início com o fim do regime militar no Brasil e o estabelecimento da Nova República, em 1985, passa pela eleição de Tancredo Neves, e se estende até o ano de 2020, quando foi finalizado o levantamento de dados que permitiram a elaboração destas considerações.

Ainda que a eleição de Tancredo Neves para a presidência do Brasil não tenha ocorrido de modo direto, como pretendido pelo movimento Diretas Já, foi o último pleito da história política do país por meio do Colégio Eleitoral. Contudo, em decorrência de doenças que o levaram à morte, Tancredo não pôde ser empossado e José Sarney, seu vice, assumiu a presidência até o ano de 1990, promulgando, durante o seu governo, a Constituição da República Federativa do Brasil, em 1988. A lei fundamental e suprema estabelece diversos direitos coletivos e individuais, define os crimes de tortura e ação armada como inafiançáveis e garante o direito ao voto, estendendo-o para os analfabetos. Ela também protege o direito de partidos políticos, organismos sindicais, entidades de classe e demais associações legalmente constituídas. Fernando Collor (1990-1992), Itamar Franco (1992-1995), Fernando Henrique Cardoso (1995-2002), Luiz Inácio Lula da Silva (2003-2011), Dilma Rousseff (2011-2016), Michel Temer (2016-2019) e Jair Messias Bolsonaro (2019-) também governaram o Brasil neste período.

Ao longo destes 35 anos, (95) noventa e cinco livros individuais de contos de autores negros brasileiros foram publicados, um total muito mais expressivo do que em todos os períodos anteriores. Cinquenta (50) autores publicaram no período. São eles: Abelardo Rodrigues, Ademiro Alves (Sacolinha), Adriano Moura, Aidil Araújo Lima, Alcidéia Miguel, Allan da Rosa, Alzira dos Santos Rufino, Anelito de Oliveira, Cidinha da Silva, Conceição Evaristo, Cristiane Sobral, Cuti, Elisa Pereira, Elizandra Souza, Esmeralda Ribeiro, Eustáquio José Rodrigues, Fábio Mandingo, Fausto Antonio, Geni Guimarães, Henrique Cunha Jr., Itamar Vieira Junior, Jorge Dikamba, José Ailton Ferreira (Bahia), José Endoença Martins, Jussara Santos, Lande Onawale, Lia Vieira, Lílian Paula Serra e Deus, Lu Ain-Zaila, Mãe Beata de Yemonjá, Mãe Stella de Oxóssi, Manto Costa, Maria Helena Vargas (M. Helena Vargas da Silveira), Mário Medeiros, Mestre Didi, Michel

Yakini, Miriam Alves, Muniz Sodré, Nei Lopes, Nelson Maca, Paulo Dutra, Plínio Camillo, Ramatis Jacinto, Rita Santana, Ruth Guimarães, Sergio Ballouk, Severo D'Acelino, Vagner Amaro, Valdomiro Martins e Waldemar Euzébio Pereira.

A respeito do gênero romance, foram publicados (57) cinquenta e sete livros, da autoria de (29) vinte e nove escritores: Ademiro Alves (Sacolinha), Adriano Moura, Alcidéia Miguel, Aline França, Alzira dos Santos Rufino, Ana Maria Gonçalves, Carlos Correia Santos, Conceição Evaristo, Edimilson de Almeida Pereira, Eliana Alves Cruz, Eustáquio José Rodrigues, Fausto Antônio, Fernando Conceição, Francisco Maciel, Itamar Vieira Junior, Jeferson Tenório, Joel Rufino dos Santos, José Endoença Martins, Lu Ain-Zaila, Manto Costa, Martinho da Vila, Michel Yakini, Miriam Alves, Muniz Sodré, Nei Lopes, Oswaldo Faustino, Paulo Lins, Ramatis Jacino e Valdomiro Martins.

Ainda que o mercado editorial brasileiro tenha apresentado, a partir dos anos de 1980, um rápido crescimento, a crise econômica principiada naquela mesma década também teve impacto direto no mercado livreiro. Isto resultou, como aponta Laurence Hallewell (2012), em aumento nos custos de produção pela intensificação da exportação de matérias-primas; em fechamento de algumas editoras; na diminuição no poder de compra da população (do leitor); na queda do consumo de serviços e de bens (como o livro); no encerramento de programas de incentivo aos editores e na retirada de investimentos por meio de grupos editoriais estrangeiros.

Durante o governo de Fernando Collor, a crise intensificou-se, somando aos fatores já apontados o bloqueio de quase todas as contas bancárias e a extinção do Ministério da Cultura, o que gerou o fim do subsídio às produções culturais nacionais. Além de toda a desordem econômica apontada, Hallewell destaca que o presidente "rapidamente mostrou-se tão incrivelmente corrupto que as reclamações persuadiram o Congresso da necessidade de votar pelo seu *impeachment*" (HALLEWELL, 2012, p. 813).

Com a saída de Fernando Collor, Itamar Franco assumiu a presidência do país, e, por meio do Plano Real, conseguiu reduzir, pela primeira vez em 50 anos, os índices de inflação de modo considerável e no longo prazo. O mercado livreiro no Brasil conseguiu, portanto, reagir em meados da década de 1990. Marília de Araújo Barcellos (2010), ao analisar os processos de concentração e sobrevivência das editoras brasileiras, destaca que as mudanças e os investimentos estrangeiros, intensificados na década de 1990, contribuíram para algumas das modificações no cenário editorial brasileiro, aumentando a distância entre as grandes editoras, em geral pertencentes aos conglomerados internacionais, e as pequenas editoras, que passaram a lançar mão de estratégias específicas para se manterem.

O aumento de obras individuais dos gêneros estudados confirma a variedade de pequenas editoras, além de indicar a dificuldade dos produtores dessa literatura de serem absorvidos pelas grandes casas de publicação. De modo geral, grande parte dessa produção foi viabilizada por "editoras de nicho" ou mesmo em edições dos autores, o que pode ser percebido nas seções dedicadas à análise da distribuição das publicações por casas e inciativas editoriais.

Como destaca Michel Yankini (2014), ao refletir sobre os mecanismos de criação e materialização da literatura de autoria negra brasileira nas periferias, o surgimento de escritores negros engajados é de suma importância, uma vez que, na ausência de políticas públicas voltadas para o livro e para o incentivo da leitura, é a atuação desses agentes que garantirá contato com a literatura, através de saraus, publicações independentes, criação e manutenção de bibliotecas comunitárias, entre outros projetos.

A adoção dessas iniciativas alia-se com a luta constante por políticas voltadas para a efetiva inserção do sujeito negro nos meios formais de ensino. Almeida e Sanchez (2016) discorrem sobre a proposta elaborada pelo Movimento Negro ainda em 1986, na Convenção Nacional *O negro e a Constituinte*, que, novamente, afirma a importância da educação na luta contra o racismo e a discriminação e a urgência de instituir a obrigatoriedade do ensino de História das populações negras nas escolas, como forma de construção de uma sociedade pluricultural. Vale destacar que essa proposta é apontada diversas vezes ao longo dessa seção, nos mais diversos momentos históricos, a fim de explicitar como é incansável a luta dos movimentos negros por uma educação antirracista.

A proposta, contudo, não foi integralmente incorporada à Constituição Federal, sob a alegação ela deveria se ater aos princípios gerais do Estado. Por outro lado, os autores reconhecem a inclusão no texto de algumas demandas fundamentais dos movimentos negros. O documento maior do país

> [...] reconheceu a Educação de Jovens e Adultos como direito para quem não teve acesso à escolarização na idade considerada apropriada; classificou o racismo como crime inafiançável e imprescritível; e reconheceu a diversidade da composição da população brasileira, indicando a necessidade de que o currículo escolar refletisse a pluralidade racial brasileira. (ALMEIDA & SANCHEZ, 2016, p. 242)

As "inovações" expressas na Constituição de 1988 contribuíram para que a população negra conseguisse obter alguns avanços no campo da educação, como a revisão, a partir do ano de 1993, do Programa Nacional do Livro Didático, o qual pretendia considerar "que seus conteúdos não reproduzissem ideias discriminatórias a respeito da população negra" (ALMEIDA & SANCHEZ, 2016, p. 243).Morosamente, são adotadas no Brasil políticas que questionam o imaginário de "nação racialmente democrática".

Outro exemplo de mudança nas políticas públicas foi a criação, por meio de Decreto Presidencial, do Grupo de Trabalho Interministerial de Valorização da População Negra, em 20 de novembro de 1995. Ainda que tal ação não tenha "resolvido" as desigualdades existentes no país, bem como a marginalização do sujeito negro, houve o reconhecimento por parte do Estado Brasileiro da necessidade de combater o racismo em diversas frentes.

Um dos marcos que teve impacto direto nos meios editoriais foi a promulgação da Lei nº 10.639/2003, na qual, finalmente, lemos:

> Art. 26-A. Nos estabelecimentos de ensino fundamental e médio, oficiais e particulares, torna-se obrigatório o ensino sobre História e Cultura Afro-Brasileira.
>
> § 1º O conteúdo programático a que se refere o *caput* deste artigo incluirá o estudo da História da África e dos Africanos, a luta dos negros no Brasil, a cultura negra brasileira e o negro na formação da sociedade nacional, resgatando a contribuição do povo negro nas áreas social, econômica e política pertinentes à História do Brasil.
>
> § 2º Os conteúdos referentes à História e Cultura Afro-Brasileira serão ministrados no âmbito de todo o currículo escolar, em especial nas áreas de Educação Artística e de Literatura e História Brasileiras. (BRASIL, 2003)

Ao implantar a obrigatoriedade do ensino de História e Cultura Afro-brasileiras nos níveis Fundamental e Médio, o Estado incentiva, de certo modo, a existência de uma produção intelectual e artística afrocentrada. Maria Mazarello Rodrigues, fundadora e editora da Mazza Edições, destaca que foi a partir da assinatura da Lei que as obras da editora puderam entrar "pela porta da frente" das escolas municipais e estaduais. Ou seja, os produtores dessa literatura, incluindo aqui os profissionais responsáveis pela materialização das obras, tiveram suas vendas alavancadas, dado o aumento do público leitor. Não se tratava mais apenas de "professores e militantes negros empenhados no combate ao racismo e ao preconceito" (RODRIGUES, 2014, p. 96), mas de um compromisso estabelecido pelo Estado na divulgação de obras dedicadas ao resgate e à valorização da cultura negra.

A editora faz, contudo, uma ressalva no que diz respeito ao funcionamento prático da lei, pois, a partir do momento em que o governo brasileiro começou a comprar livros que abordam a temática étnico-racial, "as principais editoras do país (algumas, simplesmente, braço dos grandes grupos multinacionais na área das comunicações) criaram seu 'selo negro' e publicaram na área aquilo que passará pelo crivo de escolha do governo e, consequentemente, será comprado" (RODRIGUES, 2014, p. 96). Tal aspecto nos leva a questionar o real compromisso dessas editoras com a causa negra e até que ponto não se trata apenas daquilo que ficou conhecido no seio dos movimentos negros como "afroconveniência", ou seja, apropriar-se das conquistas para obter vantagens econômicas.

Outra antiga pauta, intensificada durante a década de 1990, é a reinvindicação de direitos específicos à população negra como forma de atenuar as desvantagens sociais históricas, por meio das denominadas Ações Afirmativas, especialmente requerendo condições para o acesso às instituições de Ensino Superior mediante cotas. Essas cotas foram implantadas anos depois, inicialmente no Estado do Rio de Janeiro, a partir da Lei estadual nº 3.708, de 09 de novembro de 2001, e, gradualmente, nas demais instituições de Ensino Superior brasileiras, tendo sua constitucionalidade reconhecida pelo Supremo Tribunal Federal em 2012.

A ampliação do acesso da população afrodescendente às instituições de Ensino Superior indiscutivelmente contribuiu para o aumento quantitativo das produções de literatura de autoria negra brasileira, pois sendo os estabaelecimentos de ensino capazes de legitimar tradições, o ingresso de novos indivíduos nessas esferas permite a legitimação de discursos plurais.

É importante, ainda, apresentar um breve panorama do atual cenário político brasileiro, resultado do agravamento daquilo que Jessé Souza denomina como uma "crise de ideias" em sua edição revista e ampliada de *A elite do atraso*: da escravidão a Bolsonaro (2019). Nessa obra, o autor vale-se do atual contexto para questionar as interpretações históricas e factuais da realidade nacional já legitimadas, partindo de três eixos temáticos: a escravidão; a luta das classes; e, por fim, o diagnóstico acurado do estado de coisas atual.

Jessé Souza aponta que, em uma estrutura global, vivenciamos atualmente um racismo culturalista, baseado na crença de superioridade de determinadas tradições sobre outras. Essa mentalidade, amplamente divulgada e naturalizada pela mídia e pela indústria de bens de consumo, resume as populações entre dominantes – em geral associadas aos Estados Unidos da América (EUA) e aos países europeus – e aquelas inferiores, que deveriam ser dominadas – geralmente associadas a países latino-americanos e africanos. Uma das consequências de tal imaginário é a naturalização da exploração nacional pelo capital financeiro internacional.

Essa exploração é permitida e, até mesmo, desejada por parte da população – especialmente a classe média – por acreditar que as origens das mazelas brasileiras se baseiam em uma corrupção fruto do patrimonialismo, do "jeitinho brasileiro", do populismo e da estigmatização da pobreza (inclusive cultural). Desse modo, o culturalismo racista exerce seu controle sobre o indivíduo por meio da colonização das ideias e dos discursos, principalmente de intelectuais com seu prestígio e a mídia com seu poder de amplificar e reproduzir mensagens (SOUZA, 2019). Nas palavras do estudioso,

> [...] quem controla a produção das ideias dominantes controla o mundo. E também por isso, as ideias dominantes são sempre produto das elites dominantes. É necessário, para quem domina e quer continuar dominando, se apropriar da produção de ideias para interpretar e justificar tudo o que acontece de acordo com seus interesses. (SOUZA, 2019, s/p)

Assim, quem detém o controle sobre as ideias determina o que será visto como bom ou ruim, justo ou injusto, correto ou incorreto. Com base nesse mecanismo e nessa nova faceta do racismo, apontados pelo autor, podemos conjecturar que a onda conservadora que busca estabelecer-se no Brasil e em diversos países do globo é preocupante, pois dificulta a diversidade discursiva e a pluralidade de ideias, voltando-se sempre para uma "verdade única" e, em geral, baseada em padrões muito excludentes.

Acreditamos no papel de resistência da literatura e das demais manifestações artísticas, mesmo em tempos de crise. Contudo, é preciso ainda mensurar como as organizações afrocentradas e a literatura negra são afetadas e quais estratégias de resistência aos autoritarismos do presente têm sido empregadas.

PARTE II

NÃO FICÇÃO

5

Trajetória editorial da produção não ficcional de autoria negra brasileira: livros individuais (1906–2020)[1]

---

[1] Esta é uma versão revista e ampliada do texto original, publicado pela revista *Aletria*, Belo Horizonte. v. 31, n. 1, p. 195-222, 2021.

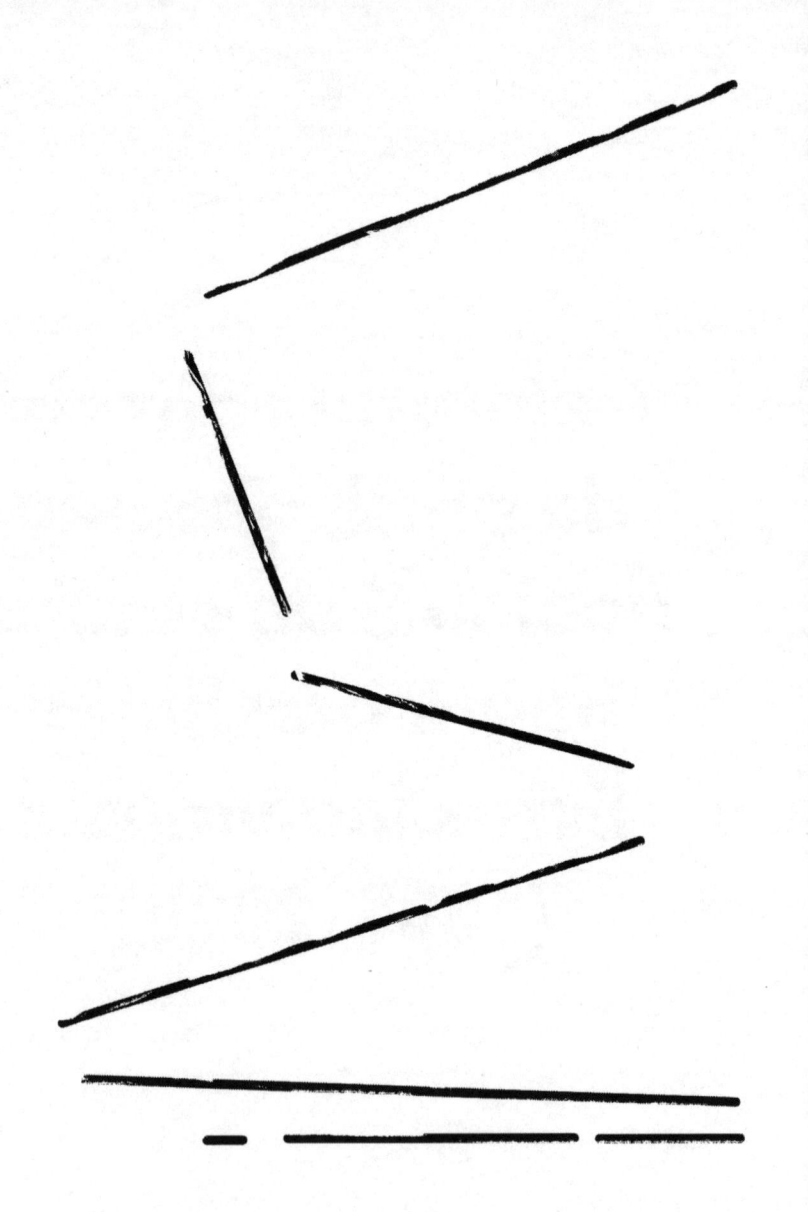

Nas décadas finais do século passado e nas primeiras décadas deste século, os estudos editoriais têm ganhado espaço no âmbito acadêmico. O surgimento de bacharelados em produção editorial, editoração, tecnologias da edição, assim como a abertura de espaços para este debate nos cursos de Letras são prova do fenômeno.

"É no contexto da ditadura civil-militar que se desenha, pela primeira vez no país, uma formação específica de graduação para editores", lembra José Muniz Jr. (2018, p. 38). Lia Calabre explica que esses cursos objetivam formar profissionais para a crescente indústria cultural brasileira, num momento em que as políticas nacionais de cultura e de educação "adquirem um caráter de 'modernização conservadora', com forte teor nacionalizante, para responder ao desenvolvimento urbano-industrial do país e ao crescimento da cultura de massa" (CALABRE, 2009, p. 45). Soma-se a esta realidade o consequente número de monografias, ensaios, artigos, dissertações e teses, nos mais diversos espaços do conhecimento, sobre o campo editorial.

Este cenário tem como consequência dois movimentos para a formação do profissional de Letras: a) a ampliação de seu escopo de pesquisa e atuação; e b) a necessidade de trânsito entre áreas do conhecimento.

Da primeira consequência, podemos citar, entre outros aspectos, o impacto dos estudos editoriais nos estudos linguísticos e literários *tout court*. Agora, estudar os bastidores do texto é tão importante quanto estudar o texto. Este não "nasce pronto", não basta em si, ainda que alguns possam defender esta postura ainda hoje. O texto é processo e produto de dinâmicas específicas do *campo* em que está imerso, para usar um termo de Pierre Bourdieu.

Para o sociólogo francês, o campo é um microcosmo social dotado de relativa autonomia e regras próprias, processo e produto de um determinado espaço social mais amplo. O campo é o local de disputas entre os agentes que o integram e que buscam manter ou alterar determinadas posições. As posições são ocupadas por meio da aquisição de capitais, os quais são mensurados e desejados de acordo com dinâmicas específicas. Posse e desejo são elementos responsáveis por "conservar ou transformar esse campo de forças" (BOURDIEU, 2004, p. 22-23) em campo de lutas.

Para melhor compreender o papel dos agentes de produção do campo cultural, é necessário lançar mão de um referencial teórico vasto e diverso, jamais circunscrito ao domínio das Letras. Desta maneira, entram em cena a História, a Comunicação, a Sociologia, a Filosofia, os estudos estatísticos – só para citarmos algumas áreas – como epistemes auxiliares a um universo relativamente novo: os estudos editoriais.

A segunda consequência é que diversas modalidades de abordagens têm se mostrado bastante produtivas e promissoras tanto nos estudos linguísticos e literários, quanto nos estudos editoriais: os levantamentos estatísticos, sejam eles de linhagens textuais, de temas, de produção, de recepção, entre outras categorias. Os exemplos seriam muitos e ultrapassariam os limites deste estudo, razão pela qual apontaremos alguns, sem qualquer pretensão totalizante.

No campo dos estudos editoriais sobre o romance brasileiro, vale conferir destaque, entre outros trabalhos, ao de Regina Dalcastagnè (2011). Nele a pesquisadora analisa textos publicados por três entre as mais representativas editoras, segundo agentes do campo literário consultados para a realização do estudo. A pesquisa abrangeu um intervalo de quatorze anos (1990-2004) e constatou a predominância de personagens e narradores brancos em detrimento de outros segmentos étnicos.

Do ponto de vista da representação literária de personagens negros na edição brasileira, aliás, há razoável linhagem de trabalhos quantitativos e qualitativos, desde Raymond Sayers (1958), Gregory Rabassa (1965), Domício Proença Filho (1988), passando por Eduardo de Assis Duarte (2013) e chegando a Luiz Henrique Oliveira (2014). Nesta mesma direção, seria possível elencar também o Portal **literafro** (www.letras.ufmg.br/literafro), um dos maiores arquivos da produção editorial ficcional e não ficcional afro-brasileira.

Todos esses autores trouxeram contribuições decisivas à compreensão das dinâmicas e particularidades quando o tema é o negro na literatura ou a produção literária do coletivo afro-brasileiro. No entanto, a não ficção permanece um terreno (se não pouco conhecido, ao menos) pouco estudado. Principalmente quando consideramos as dinâmicas editoriais que a sustentam. Estas dinâmicas também "dizem" sobre os textos. Por vezes, "dizem" numericamente sobre os textos.

Do ponto de vista de análises do campo editorial, até mesmo trabalhos de fôlego, como *Retratos da leitura no Brasil*, por exemplo, ainda que tragam dados sobre gêneros textuais vendidos e publicados, concedem pouco espaço às análises da não ficção. O recorte étnico, nesse estudo, por sua vez, não foi abordado. Há poucas contribuições dedicadas a analisar as relações entre a escrita de autoria negra e o campo editorial. Luiz Henrique Oliveira e Fabiane Rodrigues (2017) e Luiz Henrique Oliveira (2018) trataram do assunto. O recorte destes estudos foi, mais uma vez, a produção literária. O terreno da não ficção segue pouco estudado.

Todo este cenário lacunar no que diz respeito à escrita não ficcional de autores negros brasileiros leva-nos a indagar: quais escritores de ficção também produziram não ficção? Que títulos publicaram? Por que meios ou casas editoriais? Em quais locais? Em que períodos as publicações ocorreram? Os títulos tratam de que assuntos? Longe de querer contemplar a totalidade desta produção, o que trazemos é uma trajetória possível, a partir de levantamentos e recortes predeterminados, uma vez que, para o presente estudo, optamos por não inserir no *corpus* de análise os autores negros que se dedicaram apenas a não ficção. Em momento oportuno o faremos.

Nesta seção, consideramos somente a produção não ficcional de escritores negros que também produziram ficção. A proposta é analisar o que publicaram estes atores sociais para além da literatura, em livros individuais. A fim de levantar os dados, partimos de consultas às seguintes fontes: o portal **literafro**, o qual traz uma seção de produção intelectual dos autores e autoras nele listados; obras de referência, tais como *O negro escrito* (1987), de Oswaldo de Camargo, e *Quem é quem na negritude brasileira* (1988), de Eduardo de Oliveira, pois ambas as obras foram pioneiras em resgatar nomes de autores negros que se fizeram presentes na cena cultural do nosso país; o levantamento feito por Luiz Henrique Oliveira e Fabiane Rodrigues (2017); catálogos de editoras, principalmente aquelas chamadas de "quilombos editoriais", conforme Oliveira (2018); e a Plataforma Lattes, vinculada ao CNPq.

Embora tenhamos conseguido listar as categorias "obras autorais individuais de não ficção", "livros não ficcionais organizados individual ou coletivamente", "artigos", "apresentações em eventos e textos para imprensa", optamos, dadas as questões de espaço e tempo, por concentrar as atenções na produção individual em livro não ficcional. Em trabalhos futuros, as outras categorias serão devidamente analisadas e dispostas em números.

Consideramos apenas as primeiras edições de cada publicação. Foram encontrados (74) setenta e quatro autores de não ficção, (173) cento e setenta e três obras publicadas, por (91) noventa e uma casas ou iniciativas editoriais, em (21) vinte e uma cidades. Foram listados (23) vinte e três assuntos distintos dentre o total destas publicações. Desta forma, passemos às categorias de análise.

5.1 Autoras, autores x obras

Dos (41) quarenta e um autores mapeados, (31) trinta e um, ou seja, aproximadamente três quartos são do gênero masculino e (10) dez, ou aproximadamente um quarto, são do gênero feminino.

Entre os autores com o maior número de publicações estão: Muniz Sodré (27), Nei Lopes (17), Domício Proença Filho (16), Joel Rufino dos Santos (13), Ruth Guimarães (11), Arlindo Veiga dos Santos (8) e Abdias do Nascimento (7).

Em seguida, com (5) cinco publicações individuais de livros não ficcionais, aparecem Mestre Didi, Fernando Góes e Edimilson de Almeida Pereira. Com (4) quatro, encontramos Ramatis Jacino e Cuti. Com (3) três, há Oswaldo de Camargo, Nilma Lino Gomes, Alzira dos Santos Rufino, Renato Noguera, Lourdes Teodoro, Ubiratan Castro de Araújo, Lima Barreto e José Endoença Martins. Com (2) duas publicações temos Cyana Leahy-Dios, Jaime Sodré, Henrique Cunha Jr., Júlio Romão da Silva, Eduardo de Oliveira e Elaine Marcelina.

Muitos são os autores que aparecem com apenas (1) uma produção não ficcional: Patrícia Santana, Ricardo Dias, Raul Astolfo Marques, Miriam Alves, Oswaldo Faustino, Ronald Augusto, Inaldete Pinheiro de Andrade, Aciomar de Oliveira, Allan da Rosa, Anelito de Oliveira, Lepê Correia, Lino Guedes, Jônatas Conceição, Elio Ferreira e Conceição Evaristo.

Vale considerar que os autores com o maior número de publicações estão ligados ao campo universitário, casos de Muniz Sodré, Nei Lopes, Domício Proença Filho, Joel Rufino dos Santos e Arlindo Veiga dos Santos, ou são produtores culturais que transitam pela Academia, como é o caso de Ruth Guimarães, professora por mais de trinta anos na rede pública do estado de São Paulo. O trabalho com a escrita não só motiva e explica a inserção destes autores com regular produção crítica, como também sinaliza um lugar de fala "raro" ao escritor negro quando o assunto é a não ficção, haja vista a proporção de professores/pesquisadores negros em detrimento de professores/pesquisadores brancos na Academia ou na Escola básica brasileira. Estudioso da questão, José Jorge Carvalho afirma:

> [...] se juntarmos todos os professores de algumas das principais universidades de pesquisa do país (por exemplo, a USP, UFRJ, UNICAMP, UnB, UFRGS, UFSCAR e UFMG), teremos um contingente de, aproximadamente, 18.400 acadêmicos [...]. Esse universo está racialmente dividido entre 18.330 brancos e 70 negros; ou seja, entre 99,6% de docentes brancos e 0,4% de docentes negros. (CARVALHO, 2005, p. 92)

O leitor poderá indagar: por que recorremos aos dados referentes à presença de professores e pesquisadores negros na universidade para debater o caso da não ficção? Sendo a escrita não ficcional amplamente presente nos espaços acadêmico e escolar, é de se esperar que o lugar de fala, escrita e acesso aos meios editoriais seja mais restrito quando comparado aos escritores brancos. Tal cenário pode explicar ainda o pequeno número de não ficcionistas negros com produção tão vasta ou regular. O acesso às condições de produção, no caso dos autores analisados neste estudo, é muito variado. Nem todos os autores elencados atuam em universos laborais diretamente ligados à escrita. E muitos dos que estão relacionados a este universo escolhem priorizar a ficção (o que é bastante legítimo), como ocorre com Conceição Evaristo, por exemplo. Há, segundo Carvalho (2005, p. 92), um tácito "isolamento étnico" do intelectual negro.

A tabela abaixo sintetiza os dados.

TABELA 13
Relação autores x quantidade de obras publicadas (não ficção)

Autores	Obras publicadas (não ficção)
Muniz Sodré	27
Nei Lopes	17
Domício Proença Filho	16
Joel Rufino dos Santos	13
Ruth Guimarães	11
Arlindo Veiga dos Santos	8
Abdias Nascimento	7
Edimilson de Almeida Pereira, Fernando Góes e Mestre Didi	5
Cuti e Ramatis Jacinto	4
Alzira dos Santos Rufino, José Endoença Martins, Lima Barreto, Lourdes Teodoro, Nilma Lino Gomes, Oswaldo de Camargo, Renato Noguera e Ubiratan Castro de Araújo	3
Cyana Leahy-Dios, Eduardo de Oliveira, Elaine Marcelina, Henrique Cunha Jr., Jaime Sodré e Júlio Romão da Silva	2
Aciomar de Oliveira, Allan da Rosa, Anelito de Oliveira, Conceição Evaristo, Elio Ferreira, Inaldete Pinheiro de Andrade, Jônatas Conceição, Lepê Correia, Lino Guedes, Miriam Alves, Oswaldo Faustino, Patrícia Santana, Raul Astolfo Mraques, Ricardo Dias e Ronald Augusto	1

Fonte: elaborado pelos autores.

5.2 Locais de publicação

Com relação aos locais de publicação das obras individuais não ficcionais de autoria negra brasileira, há grande concentração no sudeste, com destaque para Rio de Janeiro (62) e São Paulo (61). Juntas, estas cidades reúnem aproximadamente 71,09% do total de publicações.

Ainda que não tenham o mesmo vigor de concentração editorial do que Rio de Janeiro e São Paulo, merecem destaque Salvador (9), Belo Horizonte (8) e Petrópolis (8). Salvador conta, principalmente, com parcerias entre organismos governamentais e empresas privadas para fazer circular suas publicações de não ficção de autoria negra. A capital mineira se destaca no cenário recortado neste estudo porque congrega editoras que apostam no segmento editorial aqui em questão. Por sua vez, Petrópolis abrigou uma das mais relevantes casas editoriais: a Vozes. Esta atua principalmente em nichos bastante produtivos em nosso recorte temático, quais sejam, os livros paradidáticos e de comunicação social.

Em seguida, aparecem Santos e Recife, com (3) três publicações cada. Com (2) duas publicações estão São José dos Campos, Brasília, Curitiba, Florianópolis e Blumenau. Com (1) uma publicação, temos: São Luís, Montes Claros, Roma, São Bernardo do Campo, Juiz de Fora, Paris e Porto Alegre. As produções nestas cidades ancoram-se em iniciativas universitárias, dos próprios autores ou, ainda, em edições independentes.

Uma obra foi editada simultaneamente em Belo Horizonte e Juiz de Fora. Não foi detectado local de publicação de apenas (1) uma obra.

Esta concentração no sudeste brasileiro e, mais especificamente, no Rio de Janeiro e em São Paulo, pode ser explicada pelo fato de que as duas referidas capitais são polos significativos do ponto de vista econômico. São elas as cidades com as maiores concentrações de riquezas e desenvolvimento industrial, o que significa presença de insumos e agentes da cadeia produtiva do livro. Soma-se a isso o fato de que em ambas se instalaram os maiores conglomerados de produção de materiais didáticos, os quais de fato movem a indústria do livro no Brasil. As discrepâncias econômicas regionais, a falta de políticas efetivas para o desenvolvimento descentralizado do Brasil, a ausência de ações específicas de apoio ao mercado livreiro e à formação do leitor podem ser elencados como elementos auxiliares na explicação de tamanha concentração.

O Brasil não empreendeu a contento modificações no modelo distributivo de riquezas e bens simbólicos (cf. BARROS; FOGUEL; ULYSSES, 2006), vivendo, atualmente, o que Milton Santos (2015, p. 39) denomina "globalização perversa". Como dissemos anteriormente, ao analisarsmos a ficção, neste modelo de globalização, a periferia do sistema capitalista acaba se tornando ainda mais periférica. Para Santos, mesmo após todo o período transcorrido desde o Brasil Colônia até os dias atuais, a relação entre dinheiro e informação permaneceu praticamente inabalada em seus aspectos estruturais.

Na tabela abaixo, procuramos resumir os dados acerca dos locais e publicação dos textos de interesse desta seção.

TABELA 14
Relação entre local de publicação x obras publicadas (não ficção)

Local de publicação	Obras publicadas (não ficção)
Rio de Janeiro	62
São Paulo	61
Salvador	9
Petrópolis e Belo Horizonte	8
Santos e Recife	3
Blumenau; Brasília; Curitiba; Florianópolis e São José dos Campos	2
Belo Horizonte/Juiz de Fora; Juiz de Fora; Montes Claros; Porto Alegre; São Bernardo do Campo; São Luís; Paris; Roma	1
Sem local	1

Fonte: elaborado pelos autores.

5.3 Editoras / iniciativas editoriais

O primeiro movimento desta seção será diferenciar casas editoriais de iniciativas editoriais. Entendemos as primeiras como empreendimentos comerciais ou editoras propriamente ditas; as segundas são ações de difusão cultural, ainda que possam render algum dividendo, tais como as edições dos próprios autores e autoras. Esta diferenciação é relevante uma vez que, conforme demonstrarão os números, significativa parcela da produção intelectual não ficcional de autoria negra brasileira provém de iniciativas próprias, como autoedições, selos ou mesmo edições independentes.

A editora que mais publicou livros individuais não ficcionais foi a Vozes (15). Sediada no Rio de Janeiro e com sucursal em Petrópolis, a empresa possui em seu catálogo livros paradidáticos e de comunicação social, dois assuntos entre os mais recorrentes no *corpus* deste estudo. Além disso, nela está Muniz Sodré, o autor com o maior número de títulos.

Em seguida, temos a editora Pallas (8), também sediada no Rio de Janeiro e com recorte de atuação voltado especificamente para a difusão de temas afrodescendentes, com destaque para religião, estudos literários e livros paradidáticos.

Arriscamo-nos a afirmar que existe pouca abertura para a difusão do pensamento negro brasileiro em grandes editoras. A Lei 10.639/2003 alterou em grande medida o campo, contudo é notória a necessidade de avanços quando o assunto é a ampliação do espaço de autores e autoras afrodescendentes em nosso país.

As editoras Ática (7), Cultrix (6), Global (5) e Selo Negro (5) dão continuidade à lista. A Ática também possui marcante presença nos segmentos didático e paradidático e aí se concentra a inserção da produção não ficcional de autores de pele escura. De modo semelhante estão a Cultrix e a Global, em que pese o paradidatismo dos catálogos destas casas editoriais estar voltado principalmente para o campo universitário. A Selo Negro é um braço operacional do grupo Summus. Curioso o caso, porque o selo é formado especificamente por autores e temas afro-brasileiros. O que nos leva a conjecturar, mais uma vez: por que um selo específico para tratar deste assunto? O catálogo principal da casa não o comportaria?

Brasiliense, Pátria Nova e Civilização Brasileira foram responsáveis por (4) quatro publicações. Brasiliense e Civilização Brasileira possuem ampla atuação no ensino universitário, editando sociologia, filosofia, comunicação, estudos literários e paradidáticos. A Pátria Nova não existe mais. Atuou apenas nas primeiras décadas do século XX, como braço gráfico do conservadorismo monárquico luso-brasileiro. Conforme explica Felipe Cazetta, "a Ação Imperial Patrianovista Brasileira (AIPB) acreditava que a Constituição significava a restrição do poder que pertencia ao rei por direito hereditário e com respaldo na tradição" (CAZETTA, 2018, p. 42). Esta casa editorial publicou textos de Arlindo Veiga dos Santos, declarado patrianovista.

Com (3) três publicações, encontramos: Record, Mazza, CODECRI, Nefertiti, Nova Fronteira, Rocco, Editora do Brasil, Liceu e Autêntica. Com (2) duas publicações, listamos Cortez, Usina de Ideias, Azougue, Linográfica, JCM e EDUFBA/CEAO.

Com apenas (1) uma publicação há 68 iniciativas editoriais: Relume-Dumará, SCCT, EDUFBA, Paulinas, Revan, Sulina/Edipucrs, SNDH-USP, Editora Abrace Um Aluno Escritor, Nova Letra, Congresso Nacional Afro-Brasileiro, Settimo Sigillo, SENAC, Planeta, Nandyala, Espalhafato Comunicação, Naiara, SECNEB, Moderna, EDICON, Mérito, Rio Fundo, Meca, ComArte, Mazza/FINALFA, Centro de Educação e Cultura Popular, Massangana, Summus, Martins Fontes, Agir, Manati, Etnia Produção Editorial, Thesaurus, Secretaria Municipal de Cultura de Salvador, Editora e Livraria Moderna, Letras Contemporâneas, Editora Curitiba, Letra Viva, Éditions L´Harmattan, José Olympio/Sec. Cult. SP/INL, Sec. Estado da Educação e Cultura, José Olympio, Sup. Estadual de Economia e Ciências Sociais da Bahia, Conselho Estadual de Cultura, JAC Editora, Companhia das Letras, IPEAFRO, Revista dos Tribunais (Reuters), Instituto Geográfico e Histórico da Bahia, Ciclo Contínuo Editorial, Instituto Brasileiro de Estudos Afro-Asiáticos, CEAP, Inmensa, Câmara dos Deputados, Harper Collins, Bushatoky, Secretaria de Estado da Cultura, Brasiliana, Garamond, Poesias Escolhidas Editora, Funcultura, Appris Editora, Franco Editora, Aeroplano, Forense-Universitária, Paz e Terra e Florianópolis.

Não foi possível identificar a casa ou meio editorial de uma (1) publicação, a qual foi registrada como "sem editora".

Um fato merece destaque no conjunto de casas e iniciativas editoriais listadas acima: o predomínio de edições independentes. Estas estão mais preocupadas com a consistência do catálogo do que com vultuoso resultado em lucro financeiro. Para concorrer com as produções dos grandes conglomerados do livro, as independentes precisam produzir objetos atraentes e com preço competitivo. De modo geral, as iniciativas ou editoras independentes atuam nas franjas do amplo mercado e das grandes redes editoriais. Elas priorizam produtos pouco atraentes para o mercado de amplo capital, embora de interesse imediato por parte significativa de determinada zona desse setor. Como não estão sujeitas à obrigatoriedade de geração de volumes financeiros, concentram suas ações na construção de um catálogo de qualidade, mas sem se descuidar do olhar sobre a rentabilidade dos projetos do presente, pois estes sustentarão os projetos do futuro, uma vez que o capital de giro é baixo. É crucial aos editores independentes encontrar na editora um modo de vida, um sustento econômico. No caso de iniciativas editoriais, também um sustento simbólico no campo editorial.

Na nossa lista de casas ou iniciativas editoriais, pudemos encontrar o predomínio de publicações oriundas do modelo independente, tais como Pallas, Nandyala, Mazza, entre outras, ao lado de iniciativas de difusão, como as de edições universitárias, a exemplo de EDUFBA, CEAO e de Secretarias de Cultura. Isso sem contar com as publicações viabilizadas pelos prórios autores.

Há editoras de grande e médio porte, como Ática, Record e Cultrix, por exemplo, que se interessam pela escrita não ficcional de autores negros, contudo, em grande medida o nicho predominante em suas edições é o do livro paradidático, principalmente para fins universitários.

O ensaio, as memórias, as biografias ficam em grande parte a cargo das editoras independentes ou das iniciativas dos próprios autores, sobretudo até a primeira metade do século XX. Estas editoras (ou autores mesmos) assumem os riscos simbólico e financeiro de apostar em textos e assuntos específicos e de interesse imediato de um público razoavelmente restrito. Apenas a partir dos anos de 1960 é que cresce o interesse editorial pela não ficção de autoria negra brasileira por parte das editoras de grande e médio porte. Poderíamos indagar se estas editoras estão realmente voltadas à mudança do estado de coisas promovido (ou defendido) pelos textos mais polêmicos dos autores de que tratamos aqui. Arriscamos afirmar que, por trás da linha editorial de muitas casas ou iniciativas, está a velada barreira aos textos que de fato discutem, por meio da não ficção, o racismo.

Em uma sociedade, aliás, onde o negro não foi inserido a contento, não é de se estranhar a existência de mecanismos de promoção da produção e circulação do pensamento crítico deste coletivo populacional. A Lei 10.639/2003 bem o ilustra, ainda assim, muito tardiamente em nossa história editorial. De fato, para que seja lido, para que sua obra circule e esteja acessível ao grande público, o autor negro deve atravessar diversos filtros.

Tal cenário, contudo, parece estar em processo de modificação, haja vista não só o volume de publicações de não ficção de autoria negra brasileira nas últimas décadas – pós Lei 10.639/2003, portanto –, mas também a variedade de temas presentes na cena editorial.

A tabela abaixo procura resumir os dados referentes às casas ou iniciativas editoriais em função das publicações nelas encontradas.

TABELA 15
Relação entre editoras / iniciativas editoriais x obras publicadas (não ficção)

Editoras / iniciativas editoriais	Obras publicadas (não ficção)
Vozes	15
Pallas	8
Edição do autor/da autora	8
Ática	7
Cultrix	6
Global Editora e Selo Negro	5
Brasiliense, Civilização Brasileira e Pátria Nova	4
Autêntica, CODECRI, Editora do Brasil, Liceu, Mazza, Neferiti, Nova Fronteira, Record e Rocco	3
Azougue 2, Cortez, EDUFBA/CEAO, JCM, Linográfica e Usina de Ideias Editora	2
Aeroplano, Agir, Appris Editora, Brasiliana, Bushatoky, Câmara dos Deputados, CEAP, Centro de Educação e Cultura Popular, Ciclo Contínuo, C/Arte Editora USP, ComArte, Companhia das Letras, Congresso Nacional Afro-Brasileiro, Conselho Estadual de Cultura, EDICON, Editora Abrace Um Aluno Escritor, Editora Curitiba, Editora e Livraria Moderna, Éditions L´Harmattan, EDUFBA, Espalhafato Comunicação, Etnia Produção Editorial, Florianópolis, Forense-Universitária, Franco Editora, Funcultura, Garamond, Harper Collins, Inmensa, Inst. Bras. de Estudos Afro-Asiáticos, Inst. Geográfico e Histórico da Bahia, IPEAFRO, JAC Editora, José Olympio, José Olympio/Sec. Cult. SP/INL, Letra Viva, Letras Contemporâneas, Martins Fontes, Massangana, Manati, Mazza / FINALFA, Meca, Mérito, Moderna, Naiara, Nandyala, Nova Letra, Paulinas, Paz e Terra, Planeta, Poesias Escolhidas Editora, Relume-Dumará, Revan, Revista dos Tribunais (Reuters), Rio Fundo, SCCT, SECNEB, Secretaria de Estado da Cultura, Sec. Estado da Educação e Cultura, Secretaria Municipal de Cultura, SENAC, Settimo Sigillo, SNDH-USP, Sulina/Edipucrs, Summus, Sup. Est. Econ. e Sociais da Bahia e Thesaurus	1
Sem editora	1

Fonte: elaborado pelos autores.

5.4 Períodos de publicação x assuntos

Na tentativa de traçar um panorama temporal das publicações e de possíveis explicações dos motivos pelos quais, contextualmente, alguns momentos contaram com mais produções do que outros, optamos por dispor as informações década a década, desde a primeira publicação, datada de 1906, até a última, datada de 2019, quando encerramos o recorte temporal deste estudo. Em alguns momentos, vamos nos valer de argumentos semelhantes àqueles usados na seção que tratou dos períodos de publicação dos gêneros poema, conto e romance.

De 1900 a 1909 houve apenas (01) uma publicação de obra individual não ficcional de autoria negra brasileira. Na década seguinte, 1910 a 1919, não localizamos publicação. O cenário de apenas um título encontrado repete-se nos dois próximos decênios: 1920 a 1929; e 1930 a 1939. Por sua vez, a década de 1940 a 1949 trouxe (02) duas obras. Estes primeiros quarenta anos do século XX são marcados por iniciativas editoriais dos próprios autores, motivadas por questões políticas (como o patrianovismo, no caso de Arlindo Veiga) ou em defesa das religiosidades afro-brasileiras (como os textos de referência de Mestre Didi). Do ponto de vista dos assuntos, houve ensaios (2), narrativa de viagem (1) e historiografia (1).

O cenário encontrado aponta para a precariedade do campo editorial não ficcional no país, ao menos quando o assunto é a produção do coletivo de que tratamos neste estudo. Isso porque tal produção ou não chegou a nós, ou não encontrou guarida nas casas editoriais existentes à época, como os dados sugerem.

Por outro lado, o acesso à educação de qualidade, sustentáculo de qualquer cenário de produção intelectual, ainda era bastante restrito, sobretudo aos descendentes de escravizados. Em que pese o acesso, a permanência e a qualidade da educação brasileira serem temas ainda hoje carentes de soluções por parte de governos no Brasil, o cenário das quatro primeiras décadas do século XX aponta imensa exclusão da população mais necessitada de ações do Estado. É Florestan Fernandes (1965) quem, ao nosso ver, melhor discute o alijamento do negro brasileiro das condições intelectuais. Segundo Fernandes, o coletivo negro brasileiro "teve o pior ponto de partida para a integração ao regime social que se formou ao longo da desagregação da ordem social escravocrata e senhorial e do desenvolvimento posterior do capitalismo no Brasil" (FERNANDES, 1965, p. XI). A participação efetiva do negro como integrante de um processo produtivo mais amplo, de uma divisão de trabalho mais complexa, não foi planejada como ação compensatória da Abolição. A consequência é a exclusão do coletivo a que nos referimos, por décadas, de ocupações laborais ligadas, por exemplo, ao campo intelectual.

Somente nos primeiros anos do século XXI, iniciativas do Estado brasileiro apontaram para a implementação de significativas políticas compensatórias, tais como as cotas universitárias e a reserva de vagas em concursos públicos para afrodescendentes. Em agosto de 2012, foi promulgada a Lei nº 12.711, conhecida também como "lei de cotas". Mesmo assim, sob discordância de alguns setores da população.

É válido ressaltar que o pensamento crítico do coletivo a que este estudo se refere já se fazia presente no país desde o século XIX e início do XX, no mínimo, com a crônica e a crítica de Machado de Assis, passando pelos escritos intimistas de Lima Barreto, até a textualidade jurídica de Luiz Gama e a intervenção afiada de Francisco de Paula Brito. Não havia, isso sim, campo editorial estruturado para absorver parte dessa produção em formato de publicação em livro. Os autores citados publicaram a não ficção, em grande medida, em periódicos. Tal cenário tende a se repetir na primeira metade do século XX. Tanto é que a reunião de escritos não ficcionais deste período ocorre, como dissemos, majoritariamente por meio de edições dos próprios autores. Dito de outra forma, o cenário social (e editorial) estruturante do final do século XIX pauta as décadas iniciais do XX.

Por outro lado, é preciso conferir destaque, mais uma vez, a organizações negras que ajudaram a construir significativa parte da massa crítica que se fará presente em décadas posteriores. Referimo-nos aqui à Imprensa Negra, à Frente Negra Brasileira (FNB) e ao Teatro Experimental do Negro (TEN).

Imprensa Negra é o nome dado à linhagem específica de jornais comprometidos com as causas do coletivo populacional a que representa. Tem início em 1833, com *O homem de cor*, jornal dirigido por Francisco de Paula Brito. Importantes periódicos fizeram parte da linhagem, tais como *A voz da raça*, *Clarim da Alvorada*, *O Menelick*, *Exemplo*, *O homem* e *Irohin* – só para citarmos alguns exemplos. Nos dias de hoje, vale destacar os portais eletrônicos *Áfricas*, *Correio Nagô*, *Blogueiras Negras*, *Alma Preta*, *Geledés* e *O Menelick – II Ato*[2]. Destaque-se também o *Jornal do MNU*, cujo início ocorreu nos anos de 1980.

A Frente Negra Brasileira (FNB) iniciou suas atividades em 1931, na cidade de São Paulo. Tinha como proposta empreender estratégias de luta contra o preconceito de cor. Por isso, desenvolveu ações de ordem: educacional (escola de alfabetização); cultural (grupo musical e teatral); esportiva (time de futebol, num momento em que era interditado o acesso do negro aos clubes tradicionais); de saúde (atendimento médico e odontológico); editorial (publicação do referido jornal *A Voz da Raça* [1933-1937]); e jurídica (consultas gratuitas e tomada de causas). A FNB ofereceu ainda cursos de formação política. Tanto que, em 1936, transformou-se em partido político. Um ano mais tarde, com a implantação do Estado Novo, a FNB foi extinta por Getúlio Vargas.

Iniciado em 1944, no Rio de Janeiro, pelo economista e crítico Abdias do Nascimento, o Teatro Experimental do Negro (TEN) propunha valorizar a herança cultural afrodescendente. Para tanto, trazia à cena teatral e social discussões acerca da identidade e dignidade do coletivo que representava. Empreendeu ações voltadas: para a educação, como campanhas de alfabetização e letramento teatral; para a cultura, como rodas de conversa e debates com intelectuais; e para a arte, como oficinas de formação. As ações do TEN duraram

---

2   Para mais informações, sugere-se consultar Ana Flávia Magalhães Pinto (2010); Clóvis Moura e Miriam Nicolau Ferrara (1984).

até o ano de 1968, quando a ditadura civil-militar impossibilitou a continuidade do grupo[3].

É bem verdade que o cenário editorial da não ficção de autoria negra brasileira começou a esboçar mudanças nos anos de 1950 e 1960. E estas mudanças se devem aos impactos nas mentalidades da época provocadas pela Imprensa Negra, pela FNB e pelo TEN.

Retomando a análise temporal, de 1950 a 1959 houve (05) cinco publicações individuais de livros não ficcionais, ainda que tenhamos a reunião e publicação dos escritos de Lima Barreto, resultado das pesquisas de Francisco de Assis Barbosa. Neste momento, importantes casas editoriais começaram a se interessar pelos textos não ficcionais de negros brasileiros, como a carioca Civilização Brasileira e a paulistana Brasiliense. Os assuntos publicados nessa década foram: memória (2), filosofia (1), ensaio (1) e crítica literária (1).

Significativo salto de publicações não ficcionais de que tratamos neste estudo ocorre nos anos de 1960. Neste período, como consequência dos movimentos e organizações citados anteriormente, há amplo contexto favorável à produção e à difusão do pensamento negro brasileiro. Os movimentos em defesa dos direitos civis, ocorridos nos Estados Unidos, também influenciam em grande medida a intelectualidade em nosso país. Neste momento, há interesse por parte de editoras de porte significativo, como a Cultrix, principalmente pelos estudos historiográficos envolvendo a memória do afrodescendente. É de se considerar, por outro lado, que nos anos de 1960 ainda predominam as edições independentes quando o assunto é a autoria negra no Brasil. Até em função da ampla vigilância cultural empreendida pela ditadura civil-militar no país. No decênio em questão, foram mapeadas 10 (dez) publicações com assuntos diversos: historiografia (3), biografia (2), ensaio (2), folclore (1), crítica literária (1) e didático (1).

Ao nosso ver, os anos de 1970 também foram divisores de águas para a produção não ficcional de autoria negra no Brasil. O acúmulo de discussões empreendidas em coletivos resulta na fundação do

---

[3] Para mais informações, vale consultar Abdias do Nascimento (2004).

Movimento Negro Unificado (MNU), o qual iniciou as suas atividades em 1978 e encontra-se ativo até os dias de hoje. Trata-se de um coletivo atuante do ponto de vista cultural e social na cena brasileira. Segundo Petrônio Domingues (2007), o MNU recebeu influências das lutas a favor dos direitos dos negros dos Estados Unidos, de movimentos de libertação de países africanos, como Guiné Bissau, Moçambique e Angola, e por correntes de esquerda, como o Partido Comunista Brasileiro, além de iniciativas nacionais, a exemplo da Imprensa Negra, da FNB e do TEN. Nas palavras de Domingues: "a política que conjugava raça e classe atraiu aqueles ativistas que cumpriram um papel decisivo na fundação do Movimento Negro Unificado" (DOMINGUES, 2007, p. 100). O MNU também reencenava, de modo amplificado, a pretensão dos ativistas da FNB e do TEN.

Muitos autores elencados nesse nosso estudo passaram pelo MNU, de alguma forma: seja como militantes, seja como produtores de literatura, seja como produtores de textos não ficcionais, seja como artistas ligados a outras manifestações culturais. Prova disso é que, também em 1978, surge a publicação coletiva *Cadernos Negros*. Outro marco importante é o ano de 1981, quando o coletivo envolvido nos *Cadernos* funda o *Quilombhoje Literatura*, organização voltada para a discussão e promoção da presença do negro da cena intelectual do país. Arriscamo-nos a relacionar o surgimento do MNU, a criação dos *Cadernos Negros* e a atuação do Quilombhoje à ampliação das publicações ficcionais e não ficcionais de autoria negra brasileira.

Tanto que os anos de 1980-1989 contabilizam 31 (trinta e uma) publicações de livros individuais não ficcionais de escritores afrodescendentes. O número significa quase o dobro de obras quando comparado à produção da década anterior e o triplo se comparado ao resultado dos anos de 1960. É nos anos de 1980 que se colhem os resultados editoriais dos movimentos empreendidos anteriormente. Some-se a isso o fato de a década praticamente culminar no centenário da abolição da escravatura, celebrado em 1988.

Duas consequências deste cenário merecem destaque. Em primeiro lugar, houve ampliação dos assuntos e gêneros abordados por estas publicações: ensaio (8), historiografia (5), comunicação social (5), biografia (4), paradidático (3), discursos (1), crítica literária (1), memória (1), folclore (1), religião (1) e sociologia (1). Em segundo lugar, embora tenha havido interesse por parte de editoras comerciais pela produção intelectual negra, significativa parcela desta produção ainda se concentra em iniciativas independentes.

As casas editoriais comerciais abrigaram mormente a produção de intelectuais negros atuantes na Academia. Logo, os livros didáticos e paradidáticos ficaram a cargo destas editoras. Os textos mais contundentes, ou seja, aqueles de maior empenho no combate ao racismo, acabaram relegados à periferia do circuito comercial. Não queremos afirmar que os livros acadêmicos e paradidáticos não tenham importância do ponto de vista da crítica ao preconceito de cor arraigado em todos os meandros na nossa sociedade. Esses livros cumpriram e cumprem papel decisivo no desmonte do imaginário racista imperante. Queremos apenas sublinhar o desinteresse, por assim dizer, por parte do circuito comercial editorial em relação à variedade temática da produção não ficcional de autoria negra. Prova disso é que boa parte dos livros não ficcionais são publicados também por editoras negras ou quilombos editoriais. Muitos destes livros não encontraram lugar em grandes editoras. Inclusive, a razão de existência das editoras negras ou quilombos editoriais é justamente dar vazão à produção negra, isto é, atuar nas franjas do grande mercado, onde o interesse puramente mercadológico quase não existe.

A década de 1990-1999 congregou sensível diminuição de publicações de não ficção de autoria negra. A política neoliberal instalada no país a partir do governo Collor (1990-1992) prejudicou imensamente a indústria editorial do país. Além disso, a crise econômica e a desvalorização da moeda nacional, malgrado o Plano Real (1994), foram fatores de queda nos números do mercado editorial brasileiro. Houve, a partir desta década, a chegada em bloco de conglomerados editoriais estrangeiros ao país. A partir de então, começam a ocorrer compras e fusões de grupos nacionais por grupos internacionais. Ainda assim, encontramos 22 (vinte e dois) livros não ficcionais produzidos por autores afro-brasileiros. Estas publicações abordaram os seguintes assuntos: comunicação social (5), sociologia (5), ensaio (4), religião (3), música (1), educação (1), dicionário (1), crítica literária (1) e memória (1).

Os primeiros dez anos do século XXI foram os mais produtivos. Neles foram encontradas 53 (cinquenta e três publicações) de 2000 a 2009. A variedade foi considerável: ensaio (8), biografia (7), paradidático (7), educação (6), comunicação social (4), crítica literária (4), dicionários (3), folclore (3), historiografia (2), religião (2), didático (1), enciclopédia (1), estudos sociais (1), guia (1), memória (1), música (1) e sociologia (1).

A produção de que tratamos neste estudo foi impulsionada em grande medida pela promulgação da referida lei 10.639/2003, que alterou a Lei de Diretrizes e Bases da Educação (LDB). Tal lei incluiu no currículo oficial da rede de ensino nacional a obrigatoriedade da presença da temática História e Cultura Afro-Brasileira e Africana. Assim, tanto as grandes editoras, quanto as editoras independentes procuraram inserir em seus catálogos ficção e não ficção que contemplassem o tema. Havia, por certo, editoras já comprometidas com a causa negra, tais como Mazza, Pallas e Selo Negro, dentre outras. Esta década também consolidou na cena não ficcional autores com grande envergadura no campo da ficção e poesia, entre eles Domício Proença Filho, Edimilson de Almeida Pereira, Muniz Sodré, Joel Rufino dos Santos, Cuti e Ruth Guimarães. Se, por um lado, a literatura de autoria negra brasileira já se fazia presente desde o século XX no bojo das letras nacionais (no século XIX há precursores, vale destacar), no campo da não ficção os primeiros anos do século XXI foram os responsáveis pela consolidação desta escrita na cena editorial do país. Há de se considerar, em tempo, que estes anos receberam volumosos recursos em Educação e Cultura, principalmente no mandato de Luís Inácio "Lula" da Silva (2004-2010). O investimento em Educação quase triplicou em termos reais entre 2000 e 2014. O maior aporte foi percebido de 2004 a 2010. "Mais do que isso, o investimento cresceu mais na educação básica, com o triplo de recursos por aluno, tanto na educação infantil, quanto na fundamental e no ensino médio", afirmam dados oficiais do Ministério da Educação (MEC), por meio do Instituto Nacional de Estudos e Pesquisas Educacionais Anísio Teixeira (INEP) (2018). Mais investimentos em Educação somaram-se à ampliação de programas de aquisições de livros por parte do governo federal. O Programa Nacional do Livro Didático (PNLD) fortaleceu-se. Houve a criação do Programa do Livro Didático para o Ensino Médio (PNLEM), em 2003, e do Programa Nacional do Livro Didático para a Alfabetização de Jovens e Adultos (PNLA), em 2007. Importante destacar que o PNLD, o PNLEM e o PNLA continham em suas aquisições dicionários, livros paradidáticos e uma gama de assuntos passíveis de escolha e compra pelas equipes governamentais, ou, segundo Celia Cassiano, "um novo nicho de negócio para todas as editoras" (CASSIANO, 2007, p. 88).

De 2010 a 2020, encontramos 26 (vinte e seis) publicações de livros individuais de não ficção de autoria negra brasileira. A variabilidade de assuntos permanece, ainda que o quantitativo tenha diminuído significativamente quando comparado ao da década anterior. Vejamos: crítica literária (6), ensaio (6), biografia (3), educação (3), dicionário (2), ciências (1), comunicação social (1), filosofia (1), historiografia (1), manual de consulta (1) e paradidático (1).

Arriscamo-nos a relacionar a queda significativa do número de títulos publicados ao impacto da vertiginosa diminuição dos investimentos estatais em Educação e Cultura, a qual gerou desaceleração do marcado editorial. Tomemos por base o investimento em Educação, onde se encontra a maior parte das compras de livros por parte dos governos. Isso porque, é importante lembrar, as compras governamentais operam como termômetro do mercado livreiro, uma vez que o poder público é o maior comprador da produção editorial brasilera. Segundo o Informativo Técnico Nº 6/2019-CONOF/CD, realizado pela Câmara dos Deputados Federais (2019), o investimento em educação no Brasil caiu 56% de 2014 a 2018, isto é, diminuiu de R$ 11,3 bilhões para R$ 4,9 bilhões. Sofreram redução acumulada no período 2014-2018: o ensino superior (-15,0%), a educação básica (-19,3%), o ensino profissional (-27,6%), a administração (-3,2%), o desenvolvimento científico e a difusão (-5,5%) e as demais categorias não especificadas no documento (-6,5%). Como o corte foi horizontal no custeio e no investimento, a mesma proporção de queda afetou as compras governamentais de livros. Menos compras por parte do governo acabam por afetar a capacidade produtiva das editoras brasileiras, pois elas são, em grande medida, "dependentes" de editais públicos para a alavancagem de capital. Não se trata aqui do porte da editora. Umas mais, outras menos, mas todas "dependem" do investimento público para sobreviver. O mercado varejista no Brasil não é capaz ainda de manter em pleno funcionamento as editoras atuantes no país.

O gráfico abaixo, elaborado pelo Sindicato Nacional dos Editores de Livros (SNEL), e publicado em 2018, por exemplo, atesta a retração do mercado livreiro no Brasil. O cenário de queda é ampliado no intervalo de 2014 a 2018, ou seja, os dados numéricos do Sindicato espelham a curva decrescente que acompanha o quantitativo investido em Educação no mesmo período.

GRÁFICO 1
PIB e vendas ao mercado – crescimento real: número índice

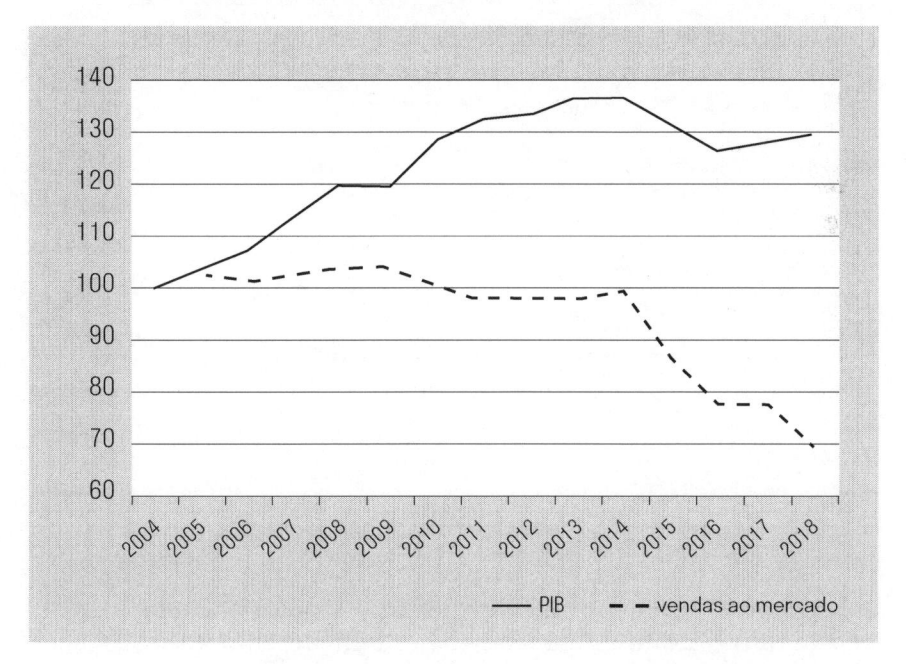

Fonte: Sindicato Nacional dos Editores de Livros (2020).

Se o cenário desta última década analisada é de retração, algo semelhante podemos esperar para a segunda década do século XXI, ao menos no cenário editorial brasileiro. Os pífios investimentos em Educação e Cultura, além dos impactos da EC N° 95/2016 (teto de gastos) apontam para um futuro desolador.

Por fim, salientamos que, em nossa pesquisa, não foi possível identificar a data de publicação de 4 livros individuais de não ficção de autoria negra brasileira.

TABELA 16
Relação entre décadas x obras publicadas (não ficção)

Décadas	Obras publicadas (não ficção)
1900-1909	1
1910-1919	0
1920-1929	1
1930-1939	1
1940-1949	2
1950-1959	5
1960-1969	10
1970-1979	16
1980-1989	31
1990-1999	22
2000-2009	53
2010-2020	26
Sem data (s/d)	4

Fonte: elaborado pelo autores.

Os (173) cento e setenta e três livros individuais não ficcionais foram escritos por (74) setenta e quatro autores. Cinquenta e quatro (54) destes autores são do gênero masculino e (20) vinte são do gênero feminino. Os autores que mais publicaram desempenham funções diretamente ligadas à Academia ou a áreas com esta relacionadas. As edições independentes foram responsáveis pela maior parte das publicações, principalmente quando os assuntos fogem dos domínios de maior apelo comercial. As editoras de porte mais robusto tendem a se interessar por assuntos ligados ao universo comercial, pois o risco do investimento é menor. Há variabilidade de assuntos publicados, com predomínio de livros paradidáticos, ensaios, historiografia, crítica literária, comunicação social e biografias. A partir dos anos de 1960, intensificam-se as publicações. Porém, a partir da década de 1980, como resultado do acúmulo das atuações de movimentos e associações negros, a produção não ficcional aqui abordada aumenta de modo exponencial. Investimentos do Estado em Educação e Cultura foram responsáveis pela dinamização do setor, sobretudo na década de 2000-2009. Com a queda de investimentos estatais em Educação e Cultura, arriscamo-nos a dizer que o campo editorial de que tratamos pode sofrer retração significativa. O mapeamento aqui delineado não é estanque. Pretendemos abordar outros recortes e gêneros textuais em estudos posteriores.

PARTE III

A EDIÇÃO

6

Os quilombos editoriais[1]

---

[1] Versão ampliada de OLIVEIRA, Luiz Henrique Silva de. Os quilombos editoriais como iniciativas independentes. *Aletria*, Belo Horizonte, v. 28, n. 4, p. 155-170, 2018.

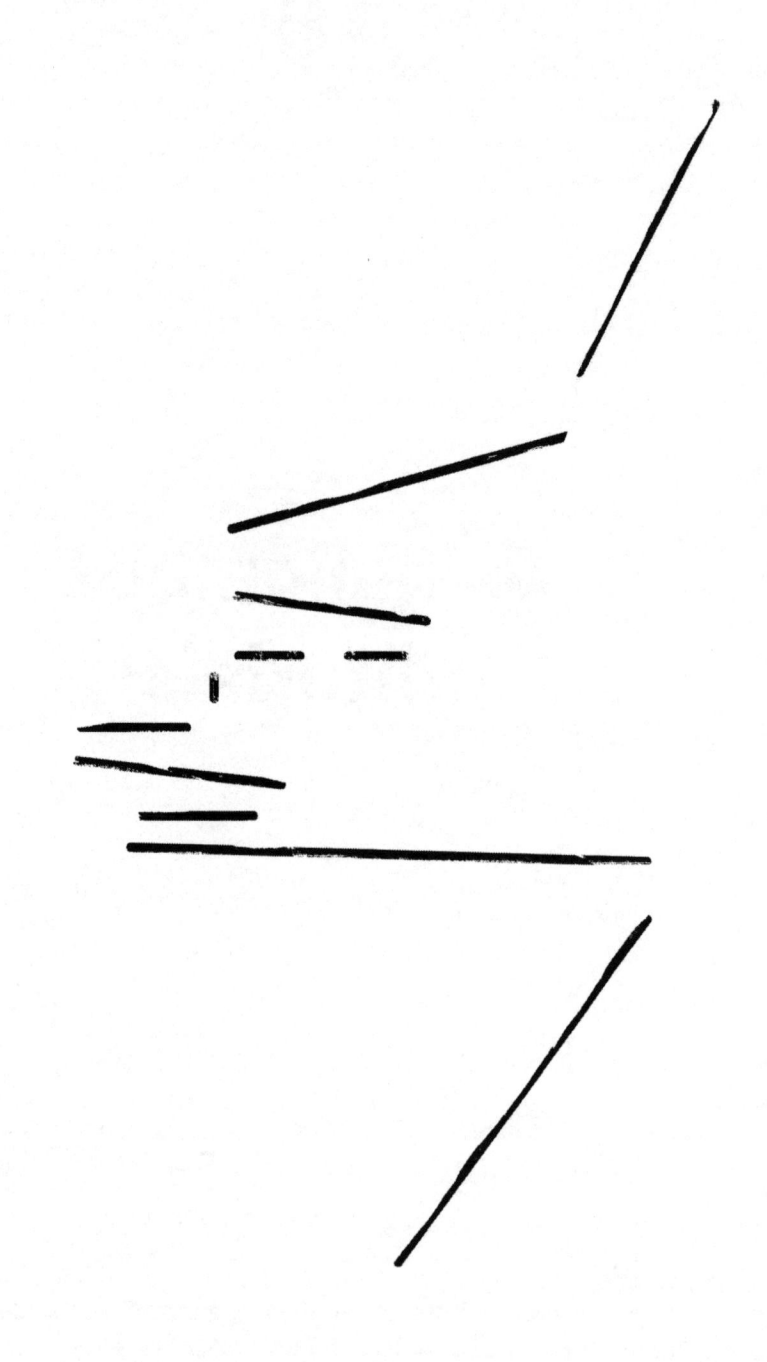

A resistência à aniquilação tem sido a tônica do coletivo negro, desde a chegada em nosso território dos primeiros transplantados até os dias atuais. Em inúmeros momentos, o combate pela vida motivou ações individuais e coletivas. Estudiosos do tema – desde João José Reis (2003), passando por Sheila de Castro Faria (2007) até chegar a Marcos Ferreira de Andrade (2008) – são unânimes em apontar a articulação entre coletividade e inteligência negras como estratégias vitoriosas no combate às diversas formas de opressão durante o período escravagista no Brasil.

Exemplo desta articulação encontra-se no quilombo. Resultado de fugas daqueles espoliados pelo sistema escravista, os quilombos eram geralmente estabelecidos em territórios inóspitos e distantes dos centros administrativos urbanos ou rurais. Matas, regiões pantaneiras ou complexos rochosos foram os locais em que se abrigavam estas formas de vida-resistência. O resultado deste contato entre sujeitos diferentes, mas que partilhavam os mesmos infortúnios, significou formas de reterritorialização cujo resultado é possível perceber, dentre outros aspectos, por meio das manifestações culturais. Ritos religiosos, cantos, poemas, danças e elementos culinários – só para citarmos alguns exemplos - são manifestações imediatas deste espaço de reelaboração. A "impureza" da mistura quilombola foi responsável por elaborar formas de enfrentamento ao racismo, princípio de intolerâncias de inúmeras ordens. A este respeito, Achille Mbembe define o racismo como "jaula" da modernidade, isto é, "um complexo psiconírico" (MBEMBE, 2014, p. 25) que demanda desmonte justamente por meio de representações do universo negro a partir de um ponto de vista interno.

A fim de discutir o conceito de quilombo e suas estruturações, vamos seguir as propostas de Abdias do Nascimento, um dos pensadores que mais se dedicou ao estudo do termo – entendido como organização - e ao quilombismo - entendido como forma de ser.

Para Nascimento, o quilombismo é um movimento político dos negros brasileiros que objetiva reavivar práticas e estratégias de resistência inspiradas na República dos Palmares (século XVI) e em outras iniciativas. "Quilombo não significa escravo fugido. Quilombo quer dizer reunião fraterna e livre, solidariedade, convivência, comunhão existencial", afirma o autor, que também acrescenta: "o quilombismo expressa a ciência do sangue escravo" (NASCIMENTO, 1980, p. 263-264).

Como utopia, o quilombismo desaguaria numa espécie de Estado Nacional. Como pensamento crítico, sustentaria os princípios de uma sociedade livre, justa, igualitária e soberana. Em ambas as dimensões, a finalidade do quilombismo é a promoção da vida plena a todos seres humanos. Para realizar este objetivo, cabe ao quilombista buscar continuamente práticas coletivas, o que implicaria repensar os vetores da produção, da distribuição e da divisão dos capitais e riquezas circulantes na sociedade. Educação e cultura seriam importantes pilares do desenvolvimento quilombista.

Por isso, Abdias do Nascimento defende a universalidade da Educação gratuita, aberta e plural, com especial importância à história de África, sua diáspora e suas implicações para a Modernidade. Como o quilombismo propõe a fundação de uma sociedade criativa, ele procurará estimular todas as potencialidades do ser humano e sua plena realização. Nas palavras de Nascimento, o quilombismo deve "combater o embrutecimento causado pelo hábito, pela miséria, pela mecanização da existência e pela burocratização das relações humanas e sociais" (NASCIMENTO, 1980, p. 276). Nesta perspectiva, as artes ocupariam espaço central no sistema educativo e no contexto das atividades sociais. O mesmo vale para os meios de produção e circulação do conhecimento escrito, como o campo editorial, nosso interesse direto. Mas, neste caso, manipulado por mãos de cor escura.

Na esteira das provocações de Abdias do Nascimento, inúmeros afro-brasileiros têm se organizado em vários campos da cultura a fim de viabilizar formas de afirmação de suas existências. No domínio das Letras, já nos é notória a linhagem chamada de literatura de autoria negra. Já do ponto de vista editorial, quando tratamos especificamente de iniciativas comprometidas com a difusão do livre pensamento afro-brasileiro, notamos características semelhantes: um editor negro ou imerso na causa negra, como fim e começo; o universo afrodiaspórico como essência temática do catálogo; o ponto de vista mercadológico e cultural guiado pelo compromisso com o coletivo de pele escura - o que só é possível se a editora for pautada pela lógica independente[2];

---

2 Cf. LÓPEZ WINNE, Hernán; MALUMIÁN, Víctor. *Independientes, ¿de qué? Hablan los editores de América Latina*. México: FCE, 2016; e OLIVEIRA, Luiz Henrique. Os quilombos editoriais como iniciativas independentes. *Aletria: revista de estudos de literatura*, v. 28, p. 155-170, 2018.

a difusão da bibliodiversidade³, o que inclui o enfrentamento a formas e discursividades instituídas; e o compromisso com a formação de um público leitor (e consumidor) da produção intelectual negra.

Parece apropriado referir-se às casas e/ou iniciativas editoriais negras como *quilombos*, entendendo este termo em uma acepção ampliada. Amparado pelas reflexões de Abdias do Nascimento (1980), Luiz Henrique Oliveira propõe entender o quilombo como metáfora das propostas de atuação das casas editoriais negras. Para Oliveira, os *quilombos editoriais* são

> [...] um conjunto de iniciativas no campo editorial, comprometidas com a difusão de temas especificamente ligados ao universo afrodescendente, com claro propósito de alteração das configurações do imaginário social hegemônico. Possuem caráter deliberadamente independente. Seus autores são preferencialmente negros ou, em alguns casos, não-negros comprometidos com o combate ao racismo em todas as suas formas. O catálogo é vasto e diverso, com ênfase em ciências humanas, cultura, artes e literatura. Possuem nítido projeto de intervenção político-intelectual a fim de criar debates e formar continuamente leitores sensíveis à diversidade em sentido amplo. Para além de casas de publicação, operam como territórios de ação e resistência ao bloqueio tácito no campo editorial brasileiro. (OLIVEIRA, 2018, p. 157)

As casas ou quilombos editoriais fazem parte de um conjunto de redes de sociabilidade entre negros. Como já apontamos neste

---

3 Como destacado por Pablo Guimarães (2014, p. 32), este termo, criado por editores ou profissionais do livro latino-americanos no Salão do Livro Ibero-Americano ao final dos anos 1990, surge da aplicação do conceito biodiversidade ao livro, destacando a necessidade de diversificar as produções editoriais oferecidas ao público.

livro, as redes de sociabilidade são entendidas como iniciativas de arregimentação do coletivo afrodescendente para fins de convívio, atuação e resistência no âmbito da sociedade onde estão inseridas. São exemplos de redes de sociabilidade: a Imprensa Negra (séculos XIX e XX); a Frente Negra Brasileira (FNB); o Teatro Experimental do Negro (TEN); a série literária *Cadernos Negros*; o grupo Quilombhoje; o Movimento Negro Unificado (MNU). É importante salientar que as redes de sociabilidade aqui mencionadas podem até atuar no campo editorial, publicando autores, textos e obras diversas. Mas não se restringem à atividade editorial, tal como fazem os quilombos editoriais, uma vez que estes atuam exclusivamente no campo da publicação e da intervenção cultural.

Hernán López Winne e Victor Malumián (2016, p. 14) caracterizam as iniciativas editoriais em três categorias: a humanista; a capitalista selvagem; e a híbrida ou independente.

A iniciativa editorial capitalista selvagem está preocupada unicamente com o ganho financeiro. O produto editorial é ferramenta para a arrecadação e, geralmente, está pautada por assuntos ligados ao senso comum, à cultura de massa, aos produtos consagrados ou ao campo religioso, em determinados casos.

A iniciativa editorial humanista preocupa-se com os ganhos de ordem simbólica. Para ela, a obtenção de capital econômico não importa tanto, pois geralmente há fontes de onde se retira a subsistência (do editor e/ou da empresa). O lucro não é problema, tampouco é direção de suas ações. Interessa a esta iniciativa deixar sua marca por meio de bons produtos, os quais demonstrem rigoroso projeto gráfico e conteúdos relevantes para a sociedade.

Por sua vez, há a iniciativa editorial híbrida ou independente. Este tipo de iniciativa procura conjugar as duas práticas anteriores, embora seja difícil manter o equilíbrio de atuação. Há preocupação com o catálogo, porque precisa ser atraente e possuir preço competitivo. De modo geral, a inciativa hibrida ou independente atua nas zonas intersticiais em relação às anteriores, isto é, nas franjas das grandes redes editoriais. As iniciativas independentes priorizam produtos pouco atraentes para o mercado de amplo capital, embora de interesse imediato por parte significativa de determinada zona desse campo. Como não está sujeita à obrigatoriedade de geração de volumes financeiros, concentra suas ações na construção de um catálogo de qualidade, mas sem descuidar do olhar sobre a rentabilidade dos projetos editoriais do presente, pois estes sustentam justamente os projetos do futuro. Aqui, o capital de giro é baixo. Nas palavras de López Winne e Malumián,

> [o editor independente] persegue a auto-sustentabilidade e não depende de qualquer aporte de capital que provenha de fora de sua atividade editorial. Está comprometido com a difusão, por todos os meios possíveis, de seus autores, e a decisão sobre o que se publica ou rechaça está completamente submetida ao desejo de seu editor, sem nenhum tipo de condicionamento. É crucial a pretensão, a busca de encontrar na editora um modo de vida, um sustento econômico. (LOPEZ WINNE; MALUMIÁN, 2016, p. 14)

Defendemos que os quilombos editoriais exemplificam a independência de que tratamos. Mas quais seriam e o que caracterizaria uma iniciativa editorial *independente e negra*? O elenco destes quilombos editoriais e a breve caracterização de suas atividades e catálogos tentará responder estas perguntas.

Embora reconheçamos que hoje existem diversas iniciativas de produção editorial especificamente dirigidas por atores sociais negros brasileiros, no momento em que escrevemos este livro optamos por centrar nossas reflexões em alguns exemplos. Consideramos para a escolha a presença numérica em nossos levantamentos e a importância da iniciativa para a consolidação de um campo de edição especificamente afrodiaspóricos. Caracterizaremos brevemente: a Tipografia Fluminense de Brito e Cia. e a Empresa Tipográfica Dous de Dezembro, criadas por Francisco de Paula Brito; a Editora Pallas;

a Mazza Edições; a Nandyala Editora; a Editora Ogum's Toques Negros; a Editora Malê; e a Ciclo Contínuo Editorial. Todas estas casas ou quilombos editoriais, vastos e diversos entre si, apresentam um denominador comum: atuam de maneira independente em relação ao grande mercado.

Os marcos iniciais destas casas ou quilombos editoriais foram a **Tipografia Fluminense de Brito e Cia.** e a **Empresa Tipográfica Dous de Dezembro**, dirigidas por Francisco de Paula Brito[4]. A chegada da corte portuguesa ao Brasil, em 1808, ocasionou a instalação de diversos aparatos administrativos e de serviços, dentre eles a imprensa. Num primeiro momento, o Império, por meio da Imprensa Régia, monopolizava as etividades editoriais. Adiante, movidas a interesses políticos, pululam casas de imprensa no país. Resultante deste contexto, o jovem mulato Paula Brito, já nos anos de 1920, após aprender o ofício de tipógrafo na Imprensa Nacional, passa a trabalhar na empresa de René Ogier e, em seguida, no Jornal do Comércio, onde foi redator e tradutor.

Em 1832, Paula Brito começou sua primeira empresa gráfica, a Tipografia Fluminense de Brito e Cia., localizada no centro da cidade do Rio de Janeiro, então centro cultural do país. Esta casa editorial foi responsável pela publicação de *A Mulher do Simplício ou A Fluminense Exaltada*, (1832-1846), primeiro jornal brasileiro dedicado ao público feminino. O compromisso com a defesa de seus irmãos de cor ganhou materialidade editorial a partir de 1833, quando veio ao público o jornal *O Homem de Cor*, o qual mais tarde passou a se chamar *O Mulato ou O Homem de Cor*. A publicação propunha o fim da escravidão, a inserção do negro no mercado de trabalho como assalariado, a industrialização do país e a ampliação do acesso a bens e serviços

---

4   Francisco de Paula Brito (Rio de Janeiro, 2 de dezembro de 1809 – Rio de Janeiro, 5 de dezembro de 1861), ou apenas Paula Brito, foi editor, jornalista, escritor, dramaturgo e tradutor. Para mais informações, vale conferir, dentre outras fontes, o verbete de Brito em: http://www.letras.ufmg.br/literafro/autores/374-paula-brito.

culturais à população. Arriscamos dizer que o jornal instaurou, no campo editorial, a primeira rede de sociabilidade e resistência, em cujas páginas percebe-se uma ampla fratria entre negros brasileiros.

Como se pode perceber, as pautas de Paula Brito são incômodas a uma sociedade assentada em privilégios de raça e cor, para dizer o mínimo. Logo, os recursos financeiros para os projetos editoriais de Brito advieram sempre de suas próprias expensas ou da contribuição de seus autores, em alguns casos. Não é de se assustar, pois, com o caráter independente e com a dificuldade de sustentar suas publicações. O profissionalismo e a consciência de sua missão no campo cultural fizeram com que o talento de Paula Brito fundasse a primeira casa editorial propriamente brasileira (e uma das mais importantes de sua época): a Empresa Tipográfica Dous de Dezembro. Para fazer o empreendimento prosperar, o agenciamento cultural do nosso editor, poeta, contista, jornalista, tradutor e intelectual, levou-o a constituir redes envolvendo importantes intelectuais, artistas, figuras iminentes e até o próprio D. Pedro II, fato que o colocou em destaque no campo editorial e possibilitou sua "militância quilombola" e editorial. O auge das atividades da Dous de Dezembro ocorreu entre os anos de 1830 a 1860. Estima-se que tenham sido publicados uma centena de jornais e revistas e aproximadamente 400 livros e folhetos[5].

---

5 Dentre os autores brasileiros publicados por Paula Brito, destacam-se: Joaquim Manoel de Macedo, Casimiro de Abreu, Gonçalves de Magalhães, José de Alencar, Martins Penna, Machado de Assis, Manuel de Araújo Porto-Alegre, Domingos Alves Branco Moniz Barreto, Augusto Emílio Zaluar. Foi o editor de uma das primeiras peças de teatro brasileiro, *Antônio José ou o poeta e a Inquisição*, de Gonçalves de Magalhães, em 1839; do que é considerado o primeiro romance brasileiro, *O filho do pescador*, de Teixeira e Souza, em 1843; e daquela que é tida como a primeira ópera brasileira, a comédia lírica *A Noite de São João*, de José de Alencar, apresentada sob a regência de Carlos Gomes, em 1860. Também é dele a primeira edição de *Últimos cantos*, de Gonçalves Dias, em 1851; a edição completa, em 2 volumes lançados em 1851, das *Mauricianas*, do Padre José Maurício Nunes Garcia; e a sexta edição de *O Uraguai*, de Basílio da Gama, lançada em 1855.

Vale destacar que, em 1840, na livraria-editora de Paula Brito, foi criada uma agremiação literária sem estatutos na qual se reuniam romancistas, poetas, jornalistas, compositores, profissionais liberais, políticos e líderes da sociedade carioca: a Sociedade Petalógica. A principal proposta da Petalógica era promover uma série de encontros voltados ao "estudo da mentira" no campo político e social, o que, nas palavras de Bruno Martins, configura "a estratégia paradoxal de incorporar positivamente artifícios não escritos à ficção performática" (MARTINS, 2016, p. 141) daquela organização. Trata-se de uma ação intelectual de intervenção na realidade a fim de transformar o estado de coisas em favor dos fracos e oprimidos, principalmente aqueles de pele escura.

Nota-se, pois, não apenas o pioneirismo da Dous de Dezembro e de Paula Brito, mas a intervenção consciente deste editor-intelectual, cujas atitudes alteram as dinâmicas de seu tempo e contexto, mesmo contando com escassos recursos, o que reitera a necessidade de resistência diante das forças hegemônicas do campo editorial. O mesmo ocorrerá com outras casas ou quilombos editoriais. Ainda que elas só se tornassem possíveis mais de um século adiante.

Após as iniciativas de Paula Brito, o "vazio" de casas ou quilombos editorais prossegue até a década de 1970. Explica-se: a abolição da escravatura não significou a inserção do negro na sociedade de classes. Há ainda hoje carência de serviços essenciais a significativa parcela desta população, como acesso à educação de qualidade. Some-se a isso o papel repressivo a movimentos e associações negros. Vargas, como dissemos anteriormente, fechou a Frente Negra Brasileira em 1937. Já os militares perseguiram exaustivamente lideranças do MNU e outros movimentos sociais durante a ditadura (1964-1985). Ambas as ações foram duros golpes em tentativas de intervenção cultural (e editorial) negras na realidade brasileira.

Por sua vez, a década de 1970 foi extremamente agitada quando o assunto é a arregimentação de grupos e coletivos negros, o que ajudou a tornar possível o surgimento de casas ou quilombos editoriais mais perenes. Nasciam movimentos como o MNU (Movimento Negro

Unificado), formado no âmbito do CECAN (Centro de Cultura e Arte Negra), espaço onde os jovens negros, principalmente, reuniam-se a fim de promover discussões de ordem política, social e cultural. O movimento *soul* conquistava cada vez mais adeptos no âmbito da juventude negra, conforme lembra Carlindo Fausto Antônio (2005, p. 13). Além disso, o ano de 1978 demarcava os noventa anos de assinatura da Lei Áurea. Tudo isso sem desconsiderar os antecedentes editoriais listados anteriormente.

A década de 1970 também presenciou a independência de vários países africanos, como Angola e Moçambique. O ano de 1978 foi eleito pela ONU como "Ano Internacional Anti-apartheid". No contexto estadunidense, ainda eclodiam as discussões pelos direitos civis iniciadas na década de 1960 e ações afirmativas, ao mesmo tempo em que movimentos como "Black Panthers" e o "Black Arts Movement" ganhavam adesão da juventude.

No Brasil, datam desta época as primeiras entradas de negros nas universidades, fato que permitiu maior contato deste coletivo populacional com diversas linguagens, tais como literatura, cinema, teatro, artes plásticas entre outras. Ressalte-se que as gerações anteriores aos anos de 1970 não puderam ter acesso a estas produções culturais e à formação universitária de maneira ampla. Todos estes acontecimentos levam à necessidade de meios editoriais afeitos às discussões que circundam a população afro-brasileira. A partir de então, diversas casas ou quilombos editoriais entram em cena graças à abertura proporcionada por esta decisiva década de 1970.

Resultante do acúmulo de discussões deste momento, surge a **Pallas Editora**, voltada ao universo cultural afrodescendente, fundada no Rio de Janeiro, no ano de 1975, por Antônio Carlos Fernandes. Hoje, a Pallas é dirigida por Cristina Fernandes Warth. Fazendo jus ao *slogan* de abertura de seu *site* "na vanguarda da cultura afro-brasileira" (http://www.pallaseditora.com.br/pagina/a_editora/2. Acesso: 08 mai. 2018), durante toda a trajetória da editora, nota-se a consciência da intervenção no campo cultural por meio do agenciamento de autores e textos num cenário informacional precário sobre a herança negra, como ocorre no Brasil. Daí que significativa parte do catálogo da casa editorial está voltada aos saberes africanos, da diáspora e sua importância para a plural construção da nacionalidade brasileira. Conforme se lê no portal da empresa, "nossa casa editorial busca recuperar e registrar tradições religiosas, linguísticas e filosóficas dos vários povos africanos continuamente trazidos para o Brasil durante o regime escravista. Acompanhamos, ainda, as manifestações afro-brasileiras contemporâneas, valorizando-as como formas fundamentais de expressão da brasilidade" (http://www.pallaseditora.com.br/pagina/a_editora/2. Acesso: 08 mai. 2018).

O espectro do catálogo é vasto e diverso: religião, magia, tarô, yoga, saúde, cultura cigana, autoajuda, jogos, obras de referência, ciências sociais, antropologia, cinema, filosofia, não ficção, ficção e poesia. Dentre seus autores estão nomes de destaque, como Conceição Evaristo, Cidinha da Silva, Nei Lopes, Uelinton Farias, Paula Tavares (Angola), Ondjaki (Angola), Kangni Alem (Togo), dentre muitos outros.

Fundada em 1981, a **Mazza Edições** tem o compromisso explícito de publicar obras referentes à cultura afro-brasileira. Sua fundação ocorreu no período em que se rediscutia a redemocratização do país, já nos anos finais da ditadura militar. Neste sentido não é exagero dizer que a casa editorial opera como possibilidade rara de veiculação de discursos silenciados durante os anos de chumbo, o que adianta uma de suas principais vocações no campo do livro: a mediação entre autores, obras e público. Maria Mazarello Rodrigues é a fundadora da Mazza Edições. Mulher negra, militante e intelectual, sua trajetória é marcada pelo intenso envolvimento com questões de ordem social, política e cultural brasileiras. A formação de Mazza no campo editorial começa já na prática, tal como ocorre com grande parte dos editores (negros) brasileiros. Ela iniciou sua imersão no universo editorial na Editora do Professor e, posteriormente, passou pela Editora Vega, nos anos 1960 e 1970. Em seguida, cursou o Mestrado em Editoração, em Paris. A formação especializada, ao nosso ver, diferenciou e possibilitou a atuação profissional da editora no campo cultural e auxiliou na confecção de produtos de qualidade com recursos bastante restritos – o que não é novidade em se tratando de casas ou quilombos editoriais.

O catálogo da Mazza é pautado por três valores, com os quais seus autores comungam: ética, justiça e liberdade. Como quilombo editorial, sua atuação demonstra ciência de seu lugar "nas franjas" do grande mercado, presidido, indiscutivelmente, pelo lucro. O capital financeiro é decisivo, mas sobretudo o capital simbólico - pressuposto pelos valores da editora e espelhados nas obras de seus autores -, em grande medida, sustenta as linhas editoriais justamente pela autonomia decisória advinda da desvinculação de receitas do grande mercado. Se, por um lado, os recursos próprios ou dos autores limitam a ação da casa editorial, por outro garantem a independência de suas ações e posicionam a empresa em um lugar singular e de resistência no campo cultural.

Acreditando nisso, conforme o próprio *site,* a Mazza Edições "propõe-se a atuar com sentido crítico para oferecer aos leitores e clientes obras que contribuam para uma melhor compreensão do passado, do presente e do futuro a ser construído" (http://www.mazzaedicoes.com.br/editora/. Acesso: 17 nov. 2017). E, mais adiante, assume-se não só como editora, mas também como "uma casa de cultura viva" (http://www.mazzaedicoes.com.br/editora/. Acesso: 17 nov. 2017).

O catálogo da Mazza Edições abrange antropologia, sociologia, história, educação, literatura brasileira (prosa e poesia contemporâneas), literatura infantil e infanto-juvenil. A editora conta ainda com o selo Peninha, voltado exclusivamente ao universo das crianças. Autores como Cuti, Edimilson de Almeida Pereira, Rosa Margarida de Carvalho Rocha, Leda Maria Martins e Cidinha da Silva, Patrícia Santana estão presentes na casa ou quilombo editorial.

A **Ciclo Contínuo Editorial**, fundada em 2009 por Marciano Ventura, é a única que se assume de modo explícito como editora independente. Dedica-se à "publicação de obras literárias e pesquisas na área das Humanidades, com enfoque especial na produção cultural afro-brasileira" (https://issuu.com/ciclocontinuoeditorial. Acesso: 17 nov. 2017). Os aportes de capital provêm dos recursos arrecadados com as vendas de livros, das atividades realizadas pela editora ou dos próprios autores.

Dentre as atividades realizadas pela Ciclo Contínuo destacam-se seminários, encontros com autores e cursos livres sobre literatura. Bom exemplo é o "Com_textura Negra", evento por meio do qual, desde 2015, são discutidos temas referentes ao campo literário afro-brasileiro[6].

O catálogo da casa ou quilombo editorial reúne autores como Lino Guedes, Oswaldo de Camargo, Cuti, Fábio Mandingo, Abelardo Rodrigues, Gerson Salvador, Márcio Folha, Ana Paula dos Santos Risos, Ângela Teodoro Grillo, Sérgio Ballouk, entre outros, divididos entre os gêneros literatura afro-brasileira (prosa e poesia) e ensaios.

A **Nandyala Editora**, fundada em Belo Horizonte no início dos anos 2000 por Íris Amâncio e Rosa Margarida, publica autores africanos, caribenhos e brasileiros, num mix de assuntos que contemplam: biografias, testemunhos, memórias, estudos sobre África (histórias, filosofias e sociedades), relações étnico-raciais, diáspora negra, relações de gênero, artes, performances, religiosidades, literatura infantil, literatura juvenil, literatura afro-brasileira, literaturas africanas, crítica literária, educação, materiais pedagógicos, sustentabilidade e qualidade de vida. Nandyala significa "nascido em tempo de fome". Segundo o *site* da editora, sua missão é "colaborar com o efetivo respeito às diferenças, para uma vivência social sustentável na diversidade como exigência imperiosa do século XXI" (http://nandyalalivros.com.br/missao. Acesso: 19 nov. 2017).

Dentre seus principais autores destacam-se: Conceição Evaristo, Mirian Alves, Lia Vieira, Maria Elisa Santana, Benjamin Abras, Cidinha da Silva, Anderson Feliciano, Sandra Barroso, Madu Costa, só para citarmos alguns nomes. Entre os escritores africanos, salientamos Vera Duarte, Paulina Chiziane e Manuel Rui. A sessão de crítica cultural também é bastante robusta. Nela encontramos Aimé Césaire, Carlos

---

6   O *site* da Ciclo Contínuo traz o histórico de atividades culturais por ela promovidas: https://issuu.com/ciclocontinuoeditorial.

Moore, Edimilson de Almeida Pereira, Erisvaldo Pereira dos Santos, Amauri Mendes, José Antonio Marçal, Rosa Margarida de Carvalho, Marcos Antônio Alexandre, Édimo de Almeida Pereira e Elzira Divina Perpetua, dentre outros.

A editora não recebe apoio de instituições de quaisquer ordens. As fontes financeiras advêm de seu próprio esforço comercial e de suas ações, como cursos de formação, palestras e consultorias. Para tal, entra em cena o Instituto Nandyala, fundado em Muriaé, na Zona da Mata Mineira, em 2011, e atualmente sediado em Belo Horizonte devido à ampliação do leque das suas atividades.

A Nandyala realiza ainda o projeto "Leitura em diferença", por meio do qual promove a circulação de seu catálogo, com destaque para o texto literário. No âmbito desta ação, encontram-se as "Ocupações Afroliterárias", momentos específicos de oferta ao público de obras de elevada qualidade conceitual e estético-discursiva, mas que quase não circulam pelo grande mercado editorial. Ainda neste sentido, a Nandyala criou, em 2012, a Fliafro (Festa Afroliterária do Brasil). Trata-se, pois, de uma casa ou quilombo editorial comprometido não só com a publicação, mas com a mediação cultural no seu mais amplo sentido.

A **Editora Ogum's Toques Negros**, fundada por Marcus Guellwaar Adún e Mel Adún, iniciou suas atividades no ano de 2014. O *site* da empresa traz o tom empenhado de sua atuação e, ao mesmo tempo, sua concepção enquanto editora independente, entendendo-a como aquela que refuta o amparo do grande capital e procura realizar intervenções na cena cultural por meio de suas publicações e posicionamentos. Assim, lemos no portal: "a Editora Ogum´s nasce para contribuir com a interdição ao epistemicídio; impedir que sejamos apagadxs do mapa das letras" (http://www.editoraogums.com/somos-ogums. Acesso: 17 nov. 2017).

Guellwaar Adún ainda afirma o caráter independente de seu empreendimento editorial, movido pela luta contra o preconceito de cor, ao reiterar que "a Ogum´s não é somente uma editora baiana, nordestina, negra e brasileira. Somos inegavelmente diaspóricos" (http://

www.editoraogums.com/somos-ogums. Acesso: 17 nov. 2017). Ao reafirmar a diáspora, o editor assinala a vertente quilombola de sua atuação. A luta não é pequena. Garantir a produção e a circulação deste coletivo de escritores, tendo como aporte de capital os recursos dos editores e, ocasionalmente, dos autores, não é tarefa pouca. Ainda mais para uma casa ou quilombo editorial localizado fora do eixo Rio de Janeiro/São Paulo, onde o capital financeiro tende a se concentrar e, logo, percebe-se a concentração editorial inclusive no universo das edições de afro-brasileiros.

Do ponto de vista do catálogo, a Ogum's Toques Negros tem editado: literatura negra/afro-brasileira, ensaios, literatura infantil e literatura juvenil. Autores como Mirian Alves, Lívia Natália, Edimilson de Almeida Pereira, José Carlos Limeira, Dú Oliveira, Mel Adún e Guellwaar Adún marcam presença na casa.

A **Malê** é uma editora e produtora cultural fundada por Vagner Amaro e Francisco Jorge, em agosto de 2015, no Rio de Janeiro. Foi implementada com objetivos bem específicos: "aumentar a visibilidade de escritores e escritoras negros contemporâneos; ampliar o acesso às suas obras e contribuir com a modificação das ideias pré-concebidas sobre os indivíduos negros no Brasil" (http://www.letras.ufmg.br/literafro/editoras/1034-editora-male-entrevista-com-vagner-amaro. Acesso 09 abr. 2018), conforme assinala Vagner Amaro.

Nota-se a concepção de uma missão política bem delineada. A Malê não se preocupa somente com a edição e livros. A casa ou quilombo editorial aposta na formação de autores, por meio de oficinas de escrita criativa. Organiza o Prêmio Malê de Literatura; realiza eventos literários; e promove a circulação de seus artistas oferecendo assessoria de imprensa àqueles que edita.

O catálogo da Malê prioriza a edição de textos de literatura (romances, contos, poesia e ensaios) escritos por autoras a autores negros brasileiros, dentre os quais salientamos Maria Firmina dos Reis, Conceição Evaristo, Tom Farias, Meimei Bastos, Cristiane Sobral, Lívia Natália, Sônia Rosa, Fábio Kabral, Muniz Sodré, Martinho da Vila, Rosane Borges e Cuti. Há ainda um selo infantil, o Malê Mirim, voltado para temas como culturas e histórias africanas, afro-brasileiras e indígenas.

Segundo Vagner Amaro, a editora não recebe nenhum tipo de apoio, para nenhuma edição ou atividade. Todo o investimento tem sido feito pelos sócios. Os editores acreditam, por fim, na bibliodiversidade como forma de democratização do universo da leitura e mais amplo acesso ao campo dos bens simbólicos.

No quadro abaixo, conferimos destaque a outras casas de publicação ou, como chamamos, quilombos editoriais.

TABELA 17
Outros Quilombos editoriais

Quilombo editorial	Editor(a)(es)(as)	Endereço *web*
Kuanza Produções	Cidinha da Silva	www.kuanzaproducoes.com.br
Oriki	Debora do Nascimento, Daniel Brazil, Lourence Alves	www.oriki.com.br/
Mjiba	Elizandra Souza	www.mjiba.com.br
Figura de linguagem	Fernanda Bastos	www.editorafiguradelinguagem.com/
Kitabu	Fernanda Felisberto	www.kitabulivraria.com.br/
Reaja BA	Hamilton Borges	www.reajanasruas.blogspot.com/
Kitembo	Israel Neto	www.coesaoindependente.com.br/editora/kitemboliteratura
Organismo	Jorge de Souza Araújo	www.editorasegundoselo.com.br
Dandara (editora)	Joselicio Freitas dos Santos Júnior (Juninho)	www.dandaraeditora.com.br
Aziza	Luciana Soares	www.azizaeditora.com.br
Oralituras	Maitê Freitas	www.oralituras.com.br
Anansi	Pedro Augusto Santos	www.anansibooks.com.br
Conexão	Priscilla Mina	editoraconexao7.negocio.site
Padê (editora)	Tatiana Nascimento	www.pade.lgbt

TABELA 17 (continuação)
Outros Quilombos editoriais

Quilombo editorial	Editor(a)(es)(as)	Endereço *web*
Aldeia das palavras	Cristiane Sobral	www.instagram.com/editoraaldeiadepalavras
Escola de poesia (Selo Orisun Oro)	Eliane Marques	www.facebook.com/escoladepoesiaamefricana
Quilombhoje (editora) -	Esmeralda Ribeiro Márcio Barbosa	www.quilombhoje.com.br/site

Fonte: elaborado pelos autores

Após esta caracterização, resta saber o papel dos quilombos editoriais no conjunto numérico dos nossos levantamentos.

Das (330) trezentas e trinta obras individuais do gênero poesia, (53) cinquenta e três, ou seja, 16,1% do total, foram materializadas através das iniciativas. Por outro lado, (73) setenta e três edições se deram por meio do próprio autor. (126) cento e vinte e seis publicações, isto é, 38,2% o total, aconteceram através de quilombos editoriais ou iniciativas dos próprios autores.

TABELA 18
Publicação de poesias em quilombos editoriais

Quilombo editorial	Autoria	Título	Data
Ciclo Contínuo Editorial	Abelardo Rodrigues	Papel de seda	2020
	Cuti	Negrhúmus líricos	2017
	Neide Almeida	Nós - 20 poemas e uma Oferenda	2018
	Oswaldo de Camargo	Luz & breu: antologia poética 1958-2017	2017
Editora Malê	Cristiane Sobral	Terra Negra	2017
	Geni Guimarães	Poemas do regresso	2020
	Lívia Natália	Dia bonito pra chover	2017
	Paulo Dutra	Abliterações	2019
	Wesley Correia	Laboratório de incertezas	2020

TABELA 18 (continuação)
Publicação de poesias em quilombos editoriais

Quilombo editorial	Autoria	Título	Data
Editora Oralituras	Carmen Faustino	Estado de Libido ou poesias de prazer e cura	2020
Figura de Linguagem	Fernanda Bastos	Dessa cor	2018
	Fernanda Bastos	Eu vou piorar	2020
Mazza Edições	Anizio Vianna	Dublê de anjo	1996
	Cuti	Flash crioulo sobre o sangue e o sonho	1987
	Cuti	Sanga	2002
	Cuti	Negroesia: antologia poética	2007
	Cuti	Poemaryprosa	2009
	Cuti	Kizomba de vento e nuvem	2013
	Edimilson de Almeida Pereira	Corpo vivido: reunião poética	1991
	Edimilson de Almeida Pereira	Zeosório blues: obra poética I	2002
	Edimilson de Almeida Pereira	As coisas arcas: obra poética 4	2003
	Edimilson de Almeida Pereira	Casa da palavra: obra poética 3	2003
	Edimilson de Almeida Pereira	Lugares ares: obra poética 2	2003
	Edimilson de Almeida Pereira	Signo Cimarrón	2005
	Edimilson de Almeida Pereira	Homeless	2010
	Edimilson de Almeida Pereira	Variaciones de un libro de sirenas	2010
	Edimilson de Almeida Pereira	Maginot, o	2015
	Edimilson de Almeida Pereira	Relva	2015
	Edimilson de Almeida Pereira	Guelras	2016
	Marcos A. Dias	Rebelamentos	1990
	Marcos A. Dias	País indig(o Blue)Nação	1995
	Marcos A. Dias	Estudos sobre a cidade (& exercícios de sobrevivência)	1997
	Waldemar Euzébio Pereira	Do cinza ao negro	1993
	Waldemar Euzébio Pereira	25 boleros entre sambas	2014
Mjiba	Jenyffer Nascimento	Terra fértil	2014

TABELA 18 (continuação)
Publicação de poesias em quilombos editoriais

Quilombo editorial	Autoria	Título	Data
Nandyala	Aciomar de Oliveira	Todas as vozes	2004
	Conceição Evaristo	Poemas da recordação e outros movimentos	2008
Ogum's Toques Negros	Edimilson de Almeida Pereira	Caderno de retorno	2017
	Guellwaar Adún	Desinteiro	2016
	José Carlos Limeira	Encantadas	2015
	Lívia Natália	Correntezas e outros estudos marinhos	2015
	Ronald Augusto	À Ipásia que o espera	2016
Organismo Editora	Lande Onawale	Pretices e Milongas	2019
Padê Editorial	Nívea Sabino	Interiorana	2016
	Tatiana Nascimento	Esboço	2016
	Tatiana Nascimento	Lundu	2016
	Tatiana Nascimento	mil994	2018
Quilombhoje	Abílio Ferreira	Fogo do olhar	1989
	Elio Ferreira	América negra & outros poemas afro-brasileiros	2014
	Oubi Inaê Kibuko	Poemas para o meu amor	1984
	Sergio Ballouk	Enquanto o tambor não chama	2011
Segundo Selo / Organismo Editora	Cuti	Axéconchego	2020
Tipografia Dois de Dezembro	Luiz Gama	Primeiras trovas burlescas de Getulino	1859

Fonte: elaborado pelos autores.

TABELA 19
Publicação de poesias em edições do autor

Autoria	Título	Data
Abelardo Rodrigues	Memória da noite	1978
	Memória da noite revisitada & outros poemas	2013
Adão Ventura	A cor da pele	1980
	Litanias de cão	2002
Akins Kintê	Muzimba, na humildade sem maldade	2016
Alzira dos Santos Rufino	Eu, mulher negra, resisto	1988
Ana Cruz	Com o perdão da palavra	1999
	Mulheres Q' Rezam	2001
	Guardados da memória	2008
	Eu não quero flores de plástico	2016
Arlindo Veiga dos Santos	Satanás	1932
Carlos Correia Santos	Poeticário	2005
Carlos de Assumpção	Protesto: poemas	1982
	Quilombo	2000
Cuti	Poemas da carapinha	1978
	Batuque de tocaia	1982
Débora Garcia	Coroações – aurora de poemas	2014
Edimilson de Almeida Pereira	Livro de falas	1987
Edson Lopes Cardoso	Areal das Sevícias	1977
	Ubá	1999
Éle Semog	Curetagem (poemas doloridos)	1987
Elio Ferreira	Canto sem viola	1983
	Poemartelos (o ciclo do ferro)	1986
	o contra-lei (o ciclo do fogo)	1994
Elizandra Souza	Águas da cabaça	2012
Geni Guimarães	Da flor o afeto, da pedra o protesto	1981
	Balé das emoções	1993
Hermógenes Almeida	REGGAE=IJÊXÁ – poemas, canções & anunciações	1983
	Roteiro dos Oríkìs – ensaio e poemas	1987

TABELA 19 (continuação)
Publicação de poesias em edições do autor

Autoria	Título	Data
Ivan Cupertino	Ave de rapina	1985
	Exercício de existência	1988
	Feminino	1991
Jamu Minka	Teclas do ébano	1986
José Carlos Limeira	Zumbi... dos	1971
	Lembranças	1972
	Black intentions / Negras intenções	2003
José Endoença Martins	Diet poesia	1990
Lande Onawale	O vento	2003
	Kalunga: poemas de um mar sem fim / poems of an infinte sea	2011
Lepê Correia (Severino Lepê Correia)	Caxinguelê	1993
Lia Vieira	Eu, mulher – mural de poesias	1990
Lino Guedes	Black	1926
	Dictinha	1938
	Sorrisos do cativeiro	1938
	Vigília do Pai João	1938
	Nova inquilina do céu	1943
Lourdes Teodoro	Água Marinha, Ou Tempo Sem Palavra	1978
	Flores de Goiás	1994
	Paysage em attente	1995
	Canções do Mais Belo Incesto e Poemas Antigos	1996
	Poemas Antigos	1996
Miriam Alves	Momentos de busca	1983
	Estrelas no dedo	1985

TABELA 19 (continuação)
Publicação de poesias em edições do autor

Autoria	Título	Data
Oliveira Silveira	Germinou	1962
	Poemas regionais	1968
	Banzo, saudade negra	1970
	Décima do negro peão	1974
	Praça da palavra	1976
	Pêlo escuro	1977
	Roteiro dos tantãs	1981
	Poema sobre Palmares	1987
Oubi Inaê Kibuko	Como se fosse pecado	1980
	Mergulho	1981
	Sobrevivência	1981
	Canto à negra mulher amada	1986
Ronald Augusto	Kânhamo	1987
	Puya	1987
Santiago Dias	Rosas e vidas	1982
	Caminho	1984
	Estradar	1987
Solano Trindade	Poemas negros	1936
Waldemar Euzébio Pereira	Prosoema	1976
Zainne Lima	Canções para desacordar os homens	2020

Fonte: elaborado pelos autores.

Em relação aos demais gêneros literários, o percentual de publicações viabilizadas pelos quilombos editoriais e iniciativas dos autores também significativo.

Das (113) cento e treze publicações individuais de contos, (27) vinte e sete, ou seja, 23,9% do total, ocorreram em quilombos editoriais e (07) sete através de edição do próprio autor. Considerando as duas formas, encontramos a soma de 30,1% do total.

No que diz respeito ao gênero romance, (08) oito das (85) oitenta e cinco publicações encontradas, ou seja, 9,4% do total, ocorreram graças aos quilombos editoriais e (03) três por meio de edição do autor. Essas estratégias editoriais correspondem a 13% do montante.

TABELA 20
Publicação de contos em quilombos editoriais

Quilombo editorial	Autoria	Título	Data
Ciclo Contínuo	Abelardo Rodrigues	Papel de seda	2020
	Fábio Mandingo	Salvador Negro Rancor	2011
	Fábio Mandingo	Morte e Vida Virgulina	2013
	Fábio Mandingo	Muito como um rei	2015
Dandara Gráfica Editora	Ramatis Jacino	As pulgas e outros contos de horror	1997
Editora Malê	Cidinha da Silva	O homem azul do deserto	2018
	Conceição Evaristo	Histórias de leves enganos e parecenças	2016
	Cristiane Sobral	O tapete voador	2016
	Cuti	Contos escolhidos	2016
	Cuti	A pupila é preta	2020
	Mário Medeiros	Gosto de amora	2019
	Paulo Dutra	Aversão Oficial	2018
	Vagner Amaro	Eles	2018

TABELA 20 (continuação)
Publicação de contos em quilombos editoriais

Quilombo editorial	Autoria	Título	Data
Mazza Edições	Cuti	Negros em contos	1996
	Cuti	Contos Crespos	2009
	Eustáquio José Rodrigues	Flor de sangue	1990
	Lande Onawale	Sete: diásporas íntimas	2011
	Waldemar Euzébio Pereira	Achados	2004
Mjiba	Elizandra Souza	Filha do fogo: doze contos de amor e cura	2020
Nandyala	Conceição Evaristo	Insubmissas lágrimas de mulheres	2011
	Lia Vieira	Só as mulheres sangram	2011
	Miriam Alves	Mulher mat(r)iz	2011
Pallas	Mãe Beata de Yemonjá	Caroço de dendê: a sabedoria dos terreiros	2002
	Manto Costa	Circo de pulgas	2014
	Cidinha da Silva	Um Exu em Nova York	2018
Pallas/Fundação Biblioteca Nacional	Conceição Evaristo	Olhos d'água	2014
Quilombhoje	Cuti	Quizila	1987

Fonte: elaborado pelos autores.

TABELA 21
Publicação de contos em edições do autor

Autoria	Título	Data
Alzira dos Santos Rufino	Qual o quê	2006
Esmeralda Ribeiro	Malungos e milongas	1988
Jorge Dikamba	Memorial	2019
Lu Ain-Zaila	Sankofia: breves histórias sobre afrofuturismo	2018
Michel Yakini	Desencontros	2007
Valdomiro Martins	O colecionador de fadas	2015
Valdomiro Martins	O ruído áspero da vespa	2015

Fonte: elaborado pelos autores.

TABELA 22
Publicação de romances em quilombos editoriais

Quilombo editorial	Autoria	Título	Data
Dandara Gráfica Editora	Ramatis Jacino	O Justiceiro	1992
Malê Editora	Eliana Alves Cruz	O crime do cais do Valongo	2018
	Miriam Alves	Maréia	2019
Mazza Edições	Conceição Evaristo	Ponciá Vicêncio	2003
	Conceição Evaristo	Becos da Memória	2006
Ogun's Toques Negros	Miriam Alves	Bará na trilha do vento	2015
Pallas	Eliana Alves Cruz	Nada digo de ti, que em ti não veja	2020
	Nei Lopes	A lua triste descamba	2012

Fonte: elaborado pelos autores.

TABELA 23
Publicação de romances em edições do autor

Autoria	Título	Data
Alzira dos Santos Rufino	A mulata do sapato lilás	2007
Lu Ain-Zaila	(In)Verdades. Duologia Afro-Brasil, vol. 1	2016
	(R)Evolução. Duologia Afro-Brasil, vol. 2	2017

Fonte: elaborado pelos autores.

Já em relação às (173) cento e setenta e três produções não ficcionais, (14) quatorze, aproximadamente 8,1%, foram publicados por quilombos editoriais e (08) oito por edição do autor, constituindo 12,7% do total.

TABELA 24
Publicação de não ficção em quilombos editoriais

Quilombo editorial	Autoria	Título	Data
Ciclo Contínuo	Oswaldo de Camargo	Lino Guedes: seu tempo e seu perfil	2016
Mazza	Cuti	Quem tem medo da palavra negro	2012
	Nilma Lino Gomes	A mulher negra que vi de perto: a construção da identidade racial de professoras negras	1995
	Patrícia Santana	Professoras negras, histórias e travessia	2004
Mazza / FINALFA	Edimilson de Almeida Pereira	Os tambores estão frios: herança cultural e sincretismo religioso no ritual de Candomblé	2005

TABELA 24 (continuação)
Publicação de não ficção em quilombos editoriais

Quilombo editorial	Autoria	Título	Data
Nandyala	Miriam Alves	BrasilAfro autorrevelado: literatura brasileira contemporânea	2010
Pallas	Mestre Didi	Por que Oxalá usa ekodidé	1997
	Nei Lopes	O negro no Rio de Janeiro e sua tradição musical	1992
	Nei Lopes	Logunedé: santo menino que velho respeita	2002
	Nei Lopes	Novo dicionário Banto do Brasil	2003
	Nei Lopes	Partido-alto, samba de bamba	2005
	Nei Lopes	Dicionário literário afro-brasileiro	2007
	Nei Lopes	Dicionário da hinterlândia carioca	2011
	Renato Noguera	O ensino de filosofia e a Lei 10639	2014

Fonte: elaborado pelos autores.

TABELA 25
Publicação de não ficção em edições do autor

Autoria	Título	Data
Alzira dos Santos Rufino	Articulando	1987
	Mulher negra, uma perspectiva histórica	1987
	O poder muda de mãos, não de cor	1996
Arlindo Veiga dos Santos	As raízes históricas do patrianovismo	1946
Jaime Sodré	Manuel Querino: um herói da raça e classe	2001
Lino Guedes	Luis Gama e sua individualidade literária	1924
Ramatis Jacino	Histórico de uma candidatura operária	1987
Raul Astolfo Marques	De São Luis a Teresina	1906

Fonte: elaborado pelos autores.

Com base na discussão dos dados, é possível perceber que todas estas casas ou quilombos editoriais ultrapassam os limites de meros empreendimentos voltados ao comércio de impressos. Tais entidades promovem ações políticas e estéticas ao possibilitarem que discursos antes silenciados possam circular na sociedade brasileira. Ao se colocarem desta forma, assumem que o campo editorial, como todos os campos, são objetos de disputa e, no caso abordado neste livro, iniciativas de resistência. As estratégias empreendidas pelos quilombos editoriais dizem respeito a cinco aspectos. Em primeiro lugar, a atuação no mercado, que pressupõe a localização em um nicho específico, nas franjas no grande mercado, que não se interessa, ou não consegue atender a toda a vastidão de consumidores, ou não se interessa por determinados assuntos e debates. Em segundo lugar, requerem autonomia de atuação, isto é, independência do capital oriundo de grandes grupos empresariais, pois só assim têm liberdade para escolher o que publicar, uma vez que assumem praticamente sozinhos os riscos e méritos (quando muito dividem os riscos com os autores). Por isso, em terceiro lugar, o aporte de capital angariado quase que obrigatoriamente é todo reinvestido em publicações e ações de mediação cultural. Isso porque as casas ou quilombos editoriais, a fim de que consigam fazer seus textos circularem e, ao mesmo tempo, com o intuito de ampliarem seus mercados leitores/consumidores, precisam promover incansavelmente o fomento do debate público para garantir as agendas de ordem editorial. O resultado é o profissionalismo de seus editores, quarto aspecto, que aliam teoria e prática e confirmam o compromisso com o coletivo afro-brasileiro no que podemos chamar de quinto aspecto: objetos editoriais de qualidade com baixo recurso financeiro. Já as edições viabilizadas pelos autores têm sido responsáveis por fazer circular obras não acolhidas pelas editoras, ou que demarcam a estreia de vários escritores.

Portanto, as casas ou quilombos editoriais e as edições dos autores são iniciativas independentes, caracterizadas por deliberada resistência editorial, focadas em determinado nicho de mercado. Movimentam-se por meio de publicações e atividades político-intelectuais. Seus editores podem ser compreendidos como "incendiários culturais", ou seja, promotores do debate público com o intuito de alteração do estado de coisas. Todos eles trabalham pela bibliodiversidade e retroalimentação de seu nicho de mercado, porque as demandas estão longe de serem esgotadas num país ainda tão avesso ao enfrentamento do preconceito de cor. Os quilombos editoriais, dadas as caracterizações acima, fazem parte, pois, do conjunto de redes de sociabilidade negra no âmbito da história nacional.

PALAVRAS FINAIS

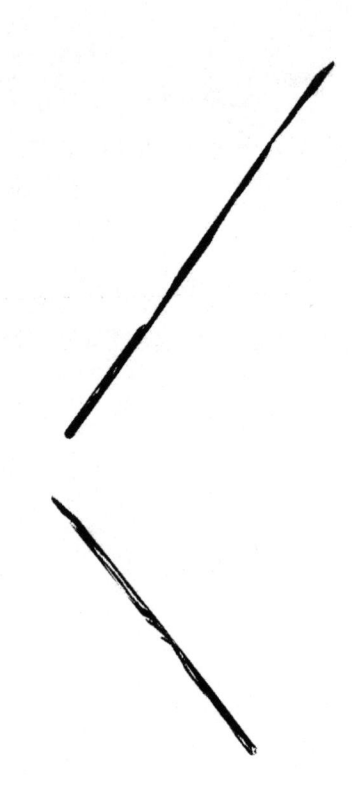

Ao longo desse trabalho não pretendemos esgotar as discussões a respeito da trajetória editorial da escrita de autoria negra brasileira, apresentando um inventário definitivo e estático das publicações. Ousamos propor novos modos de ler o campo literário brasileiro a partir de seus silenciamentos e tentativas de exclusão.

Dentre os possíveis pontos de reflexão, destacamos que, em todos os gêneros estudados, ficcionais e não ficcional, ocorre o predomínio de publicações por autores do gênero masculino, o que nos leva a questionar o impacto do sexismo que se alia ao racismo na estrutura de nossa sociedade.

Também é necessário destacar que os autores que mais publicaram desempenham funções diretamente ligadas à Academia ou a áreas com esta relacionadas, evidenciando a importância do capital simbólico para uma boa articulação no interior dos campos editorial e literário.

É importante destacar, também, que nos quatro gêneros estudados existe uma concentração de publicações na região sudeste, especialmente no eixo Rio-São Paulo. Nas publicações individuais de cada um dos gêneros, a quantidade de publicações na região sudeste sempre ultrapassa 70% do valor total, um dado preocupante e que explicita como os campos editorial e econômico se relacionam profundamente, de modo que há uma correspondência entre o acúmulo de renda e o acúmulo de publicações. Em um país de proporções continentais, como o Brasil, esse dado torna-se ainda mais alarmante, uma vez que o transporte e a circulação desses livros, materializados nos estados da região sudeste, para os demais estados brasileiros é custoso, o que aumenta o preço de capa das publicações, tornando-as ainda menos acessíveis à população geral.

A respeito dos meios de publicação que permitiram a materialização dessas publicações, cabe ressaltar a grande dispersão de títulos pelas casas editoriais, de modo que aquelas editoras gerais, ou seja, que não atuam em nichos específicos voltados para as publicações afrocentradas, independentemente de seu porte, não contam com um grande número de publicações de autores negros, independente do gênero literário (dentre aqueles estudados), e é comum que haja apenas uma ou duas publicações individuais em seus catálogos. De fato, percebemos que a maior concentração de publicações em uma mesma editora ou casa editorial é mais frequente naquelas que assumem o compromisso com o discurso afrocentrado. As edições independentes ou autopublicações, evidenciadas a partir das "edições do autor", também são frequentes, sendo mais abundantes no gênero poesia e menos frequentes no gênero romance, provavelmente por se tratar de um gênero que demanda maior risco de investimento editorial e encontra maior dificuldade em ser abordado em saraus e encontros coletivos.

Destacamos, por fim, como as novas tecnologias da informação, a popularização da *internet* e a ampliação no acesso às Universidades e demais instituições de educação formal, principalmente a partir dos anos 2000, contribuíram para o aumento na quantidade de publicações individuais, nos gêneros ficcionais e não ficcional, embora o discurso afrocentrado ainda não consiga ressoar de modo igualitário nos meios editoriais.

Agradecimentos

Agradecemos à FAPEMIG pelo suporte financeiro que possibilitou a realização deste estudo. Igualmente, agradecemos à Editora Malê pelo apoio e difusão do material aqui disposto. Gratidão, por fim, ao GIECE/CEFET-MG e ao Portal **literafro** (www.letras.ufmg.br/literafro).

REFERÊNCIAS

ABREU, Márcia. Duzentos anos: os primeiros livros brasileiros. In: ABREU, Márcia; BRAGANÇA, Aníbal (Org.). *Impresso no Brasil*: dois séculos de livros brasileiros. São Paulo: Ed. Unesp, 2010. p. 41-66.

ALMEIDA, Marco Antônio Bettine de; SANCHEZ, Lívia. Os negros na legislação educacional e educação formal no Brasil. *Revista Eletrônica de Educação*, v. 10, n. 2, p. 234-246, 2016.

ANDRADE, Marcos Ferreira de. A revolta de Carrancas: uma das rebeliões mais sangrentas da história da escravidão no Brasil. In: FIGUEIREDO, Luciano. *A era da escravidão*. Rio de Janeiro: Sabin, 2009. p. 51-58.

ANDRADE, Marcos Ferreira de. *Elites regionais e a formação do Estado imperial*: Minas Gerais – Campanha da Princesa (1799-1850). Rio de Janeiro: Arquivo Nacional, 2008.

BARROS, Ricardo Paes de; FOGUEL, Miguel Nathan; ULYSSES, Gabriel. *Desigualdade de renda no Brasil*: uma análise da queda recente. Brasília: IPEA, 2006.

BOURDIEU, Pierre. Campo intelectual e projeto criador. In: POUILLON, Jean (Org.). *Problemas do estruturalismo*. Trad. Rosa Maria Ribeiro da Silva. Rio de Janeiro: Zahar, 1968.

BOURDIEU, Pierre. *As regras da arte*: gênese e estrutura do campo literário. Trad. Maria Lúcia Machado. São Paulo: Companhia das Letras, 1996.

BOURDIEU, Pierre. *O poder simbólico*. Trad. Fernando Tomaz. Rio de Janeiro: Bertrand Brasil, 2001.

BOURDIEU, Pierre. *Os usos sociais da ciência*: por uma sociologia clínica do campo científico. Trad. Denice Bárbara Catani. São Paulo: UNESP, 2004.

BRAGANÇA, Aníbal. Sobre o editor: notas para sua história. *Em Questão*, Porto Alegre, v. 11, n. 2, p. 219-237, jul./dez. 2005.

BRASIL. *Ato Institucional nº 5*, de 13 de dezembro de 1968. Disponível em: http://www.planalto.gov.br/ccivil_03/AIT/ait-05-68.htm. Acesso em: 21 mar. 2018.

BRASIL. *Decreto-Lei nº 1.077*, de 26 de janeiro de 1970. Disponível em: http://www.planalto.gov.br/ccivil_03/decreto-lei/1965-1988/Del1077.htm. Acesso em: 21 mar. 2018.

BRASIL. Lei Federal 10.639, de 9 de janeiro de 2003. Disponível em: http://www.planalto.gov.br/ccivil_03/leis/2003/l10.639.htm. Acesso em: 21 mar. 2018.

CALABRE, Lia. *Políticas culturais no Brasil*: dos anos 1930 ao século XXI. São Paulo: Editora FGV, 2009.

CÂMARA DOS DEPUTADOS. Informativo técnico nº 6/2019-CONOF/CD Ministério da Educação: despesas primárias pagas 2014-2018 e impacto da EC Nº 95/2016 (teto de gastos). Brasília: Câmara dos Deputados, fev. 2019. Disponível em: https://www2.camara.leg.br/orcamento-da-uniao/estudos/2019/inf_6-2019-ministerio-educacao-despesas-primarias-pagas. Acesso em: 25 ago. 2020.

CAMARGO, Oswaldo de. *O negro escrito*: apontamentos sobre a presença do negro na literatura brasileira. São Paulo: Secretaria de Estado da Cultura/IMESP, 1987.

CARVALHO, José Jorge. O confinamento racial do mundo acadêmico brasileiro. *Revista USP*, São Paulo, n. 68, p. 88-103, dezembro 2005. DOI: https://doi.org/10.11606/issn.2316-9036.v0i68p88-103.

CASSIANO, Célia Cristina de Figueiredo. *O mercado do livro didático no Brasil*: da criação do Programa Nacional do Livro Didático no Brasil (PNLD) à entrada do capital internacional espanhol (1985-2007). Orientador: Kazumi Munakata. 2007. 252 f. Tese (Doutorado em História da Educação) – Faculdade de Educação, Pontifícia Universidade Católica de São Paulo, São Paulo, 2007.

CAZETTA, Felipe. Pátria-nova e integralismo lusitano: propostas autoritárias em contato por meio de revistas luso-brasileiras. *Tempo*, Niterói, v. 24, n. 1, p. 41-54, jan. 2018. DOI: https://doi.org/10.1590/tem-1980-542x2018v240103.

CUTI, [Luiz Silva]. *Sanga*. Belo Horizonte: Mazza Edições, 2002.

CUTI, [Luiz Silva]. *Literatura negro-brasileira*. São Paulo: Selo Negro, 2010.

DALCASTAGNÈ, Regina. A personagem do romance brasileiro contemporâneo: 1990-2004. *Estudos de literatura brasileira contemporânea*. Brasília, v. 1, n. 26, p. 13-71, 2011.

DALCASTAGNÈ, Regina. *Literatura brasileira contemporânea*: um território contestado. Rio de Janeiro; Vinhedo: Ed. UERJ; Horizonte, 2012.

DOMINGUES, Petrônio. Movimento negro brasileiro: alguns apontamentos históricos. *Tempo*, Niterói, v. 12, n. 23, p. 100-122, 2007. DOI: https://doi.org/10.1590/S1413-77042007000200007.

DUARTE, Eduardo de Assis. Por um conceito de literatura afro-brasileira. *Revista Terceira Margem*, Rio de Janeiro, n. 23, p. 113-138, jul./dez. 2010.

EARP, Fábio Sá; KORNIS, George. *A economia da cadeia produtiva do livro*. Rio de Janeiro: BNDES, 2005.

FARIA, Sheila de Castro. Identidade e comunidade escrava: um ensaio. *Tempo*. Niterói, n. 22;122- 146, jan. 2007. Disponível em: http://www.historia.uff.br/tempo/artigos_livres/v11n22a07.pdf. Acesso em: 01/03/2011.

FERNANDES, Florestan. *A integração do negro na sociedade de classes*. São Paulo: Dominus/Editora da Universidade de São Paulo, 1965.

FERNANDES, Florestan. *Significado do protesto negro*. São Paulo: Cortez, 1989.

FERREIRA, Aurélio Buarque de Holanda. *Dicionário da Língua Portuguesa*. 5. ed. Curitiba: Positivo, 2010.

GUIMARÃES, Antônio Sérgio Alfredo. *Racismo e antirracismo no Brasil*. 3 ed. São Paulo: Ed. 34, 2009.

GUIMARÃES, Pablo. Bibliodiversidade. In: SILVA, Cidinha da (Org.). *Africanidades e relações raciais*: insumos para políticas públicas na área do livro, leitura, literatura e bibliotecas no Brasil. Brasília: Fundação Cultural Palmares, 2014.

HALLEWELL, Lawrence. *O livro no Brasil*. 3 ed. São Paulo: Edusp, 2012.

INSTITUTO NACIONAL DE ESTUDOS E PESQUISAS EDUCACIONAIS ANÍSIO TEIXEIRA (INEP). Indicadores Financeiros Educacionais. Disponível em: http://portal.inep.gov.br/indicadores-financeiros-educacionais. Acesso em: 26 ago. 2018.

LÓPEZ WINNE, Hernán; MALUMIÁN, Víctor. *Independientes, ¿de qué?*: hablan los editores de América Latina. México: FCE, 2016.

MBEMBE, Achille. *Crítica da razão negra*. Trad. Marta Lança. Lisboa: Antígona, 2014.

MEDEIROS, Nuno. Notas sobre o mundo social do livro: a construção do editor e da edição, *Revista Angolana de Sociologia*, Luanda/Mangualde, n. 9, jun. 2012. p. 33-48. DOI: https://doi.org/10.4000/ras.412. Disponível em: https://journals.openedition.org/ras/412. Acesso em:27 ago. 2018.

MOURA, Clóvis; FERRARA, Miriam Nicolau. *Imprensa negra*. São Paulo: IMESP, 1984.

MUNIZ JR., José de Souza. O mercado profissional e a formação em edição. *In*: OLIVEIRA, Luiz Henrique Silva de; MOREIRA, Wagner (Orgs.). *Edição & crítica*. Belo Horizonte: CEFET-MG, 2018. p. 37-63.

NASCIMENTO, Abdias do. *O genocídio do negro brasileiro*: processo de um racismo mascarado. Rio de Janeiro: Paz e Terra, 1978.

NASCIMENTO, Abdias do. *O quilombismo*. Petrópolis: Vozes, 1980.

NASCIMENTO, Abdias do. Teatro experimental do negro: trajetória e reflexões. *Estudos Avançados*, São Paulo, v. 18, n. 50, jan./abr. 2004. p. 209-224.

OLIVEIRA, Eduardo de. *Quem é quem na negritude brasileira*. São Paulo: Congresso Nacional Afro-brasileiro, 1998.

OLIVEIRA, Luiz Henrique Silva de. Os quilombos editoriais como iniciativas independentes. *Aletria*, Belo Horizonte, v. 28, n. 4, p. 155-170, 2018. DOI: https://doi.org/10.17851/2317-2096.28.4.155-170.

OLIVEIRA, Luiz Henrique Silva de. Cartografia editorial da produção não-ficcional afro-brasileira: livros individuais (1906-2019). *Aletria*, Belo Horizonte. v. 31, n. 1, p. 195-222, 2021. DOI: 10.35699/2317-2096.2021.25007.

OLIVEIRA, Luiz Henrique Silva de; RODRIGUES, Fabiane Cristine. Panorama editorial da literatura afro-brasileira através dos gêneros romance e conto. *Em Tese*, Belo Horizonte, v. 22, p. 90-107, 2017. DOI: https://doi.org/10.17851/1982-0739.22.3.90-107.

PINTO, Ana Flávia Magalhães. *Imprensa negra no Brasil do século XIX*. São Paulo: Selo Negro, 2010.

REIS, João José. *Rebelião escrava no Brasil* - a história do levante dos Malês em 1835. Edição revisada e ampliada. São Paulo: Companhia das Letras, 2003.

RELATÓRIO da Comissão da Verdade referente à Perseguição à População e ao Movimento Negro. Disponível em: http://verdadeaberta.org/relatorio/tomo-i/downloads/I_Tomo_Parte_2_Perseguicao-a-populacao-e-ao-movimento-negros.pdf. Acesso em: 20 out. 2015.

RODRIGUES, Fabiane Cristine. *Por uma história editorial da poesia negra/afro-brasileira*. Orientação Luiz Henrique Oliveira. 131 f. Dissertação (Mestrado em Estudos de Linguagens). Centro Federal de Educação Tecnológica de Minas Gerais, Belo Horizonte, 2019.

RODRIGUES, João Paulo Coelho de Souza. Academia Brasileira de Letras, patrocínio oficial e concursos literários durante a República Velha. In: ABREU, Márcia; BRAGANÇA, Aníbal (Orgs.). *Impresso no Brasil*: dois séculos de livros brasileiros. São Paulo: Ed. Unesp, 2010. p. 535-551.

RODRIGUES, Maria Mazarello. Relação da Mazza Edições com o poder público em seus 33 anos de existência. In: SILVA, Cidinha da (Org.). *Africanidades e relações raciais*: insumos para políticas públicas na área do livro, leitura, literatura e bibliotecas no Brasil. Brasília: Fundação Cultural Palmares, 2014. p. 96-98.

RUBIM, Antônio Albino Canelas. Políticas culturais no Brasil: tristes tradições, enormes desafios. In: RUBIM, Antônio Albino Canelas (Org.). *Políticas culturais no Brasil*. Salvador: EDUFBA, 2007. p. 12-36.

SANTOS, Milton. *Por uma outra globalização*. 24 ed. Rio de Janeiro: Record, 2015.

SEMOG, Éle. *A cor da demanda*. Rio de Janeiro: Letra Capital, 1997.

SILVA FILHO, Hermógenes Almeida. Reflexões sobre literatura negra na realidade política brasileira. In: XAVIER, Arnaldo; CUTI; ALVES, Miriam (Orgs.). *Criação crioula, nu elefante branco*. São Paulo: IMESP, 1986. p. 31-50.

SINDICATO NACIONAL DOS EDITORES DE LIVROS. Produção e vendas do setor editorial brasileiro: ano base 2018. Disponível em: https://snel.org.br/wp/wp-content/uploads/2019/04/Apresentacao_pesquisa_ano_base_2018_imprensa.pdf. Acesso em: 25 ago. 2020.

SOUZA E SILVA, Assunção de Maria. *Legados africanos na poesia de autores afro-brasileiros*. Disponível em: www.letras.ufmg.br/literafro2/arquivos/.../ArtigoAssunçãoMaria1legadosafricanos.pdf. Acesso em: 12 out. 2017.

SOUZA, Jessé. *A elite do atraso*: da escravidão a Bolsonaro (edição revista e ampliada). Rio de Janeiro: Estação Brasil, 2019. E-book Kindle.

XAVIER, Arnaldo; CUTI; ALVES, Miriam (Orgs.). *Criação Crioula, Nu Elefante Branco*. São Paulo: IMESP, 1986.

YAKINI, Michel. Por aqui nunca faltou poesia. In: SILVA, Cidinha da (Org.). *Africanidades e relações raciais*: insumos para políticas públicas na área do livro, leitura, literatura e bibliotecas no Brasil. Brasília: Fundação Cultural Palmares, 2014. p. 223-229.

ANEXOS

TABELA GERAL – POESIA

Autor	Livro de poesia	Data	Editora	Local publicação
Abdias Nascimento	Axés do sangue e da esperança, (Orikis)	1986	Achiamé / Rio Arte	Rio de Janeiro
Abelardo Rodrigues	Memória da noite	1978	Edição do autor	São José dos Campos
Abelardo Rodrigues	Memória da noite revisitada & outros poemas	2013	Edição do autor	São Paulo
Abelardo Rodrigues	Atlântica dor: poemas 1979-2014	2016	Córrego	São Paulo
Abelardo Rodrigues	Papel de seda	2020	Ciclo Contínuo Editorial	São Paulo
Abílio Ferreira	Fogo do olhar	1989	Quilombhoje	São Paulo
Aciomar de Oliveira	Todas as vozes	2004	Nandyala	Belo Horizonte
Aciomar de Oliveira	Resiliência: diálogos de facebook	2016	Editora Poesias Escolhidas	Belo Horizonte
Adão Ventura	Abrir-se um abutre ou mesmo depois de deduzir dele o azul	1970	Edições Oficina	Belo Horizonte
Adão Ventura	As musculaturas do arco do triunfo	1976	Editora Comunicação	Belo Horizonte
Adão Ventura	A cor da pele	1980	Edição do autor	Belo Horizonte
Adão Ventura	Jequitinhonha (poemas do vale)	1980	Coordenadoria de Cultura do Estado de Minas Gerais	Belo Horizonte
Adão Ventura	Texturaafro	1992	Editora Lê	Belo Horizonte
Adão Ventura	Litanias de cão	2002	Edição do autor	Belo Horizonte
Adriano Moura	Liquidificador: poesia para vita mina	2007	Editora 7 letras	Rio de Janeiro

Autor	Livro de poesia	Data	Editora	Local publicação
Adriano Moura	Todo verso merece um dedo de prosa Lisboa	2016	Chiado	Lisboa
Akins Kintê	Muzimba, na humildade sem maldade	2016	Edição do autor	São Paulo
Allan da Rosa	Vão	2005	Edições Toró	São Paulo
Alzira dos Santos Rufino	Eu, mulher negra, resisto	1988	Edição do autor	Santos
Alzira dos Santos Rufino	Bolsa poética	2010	Demar	Santos
Ana Cruz	E... feito de luz	1995	Ykenga Editorial Ltda	Niterói
Ana Cruz	Com o perdão da palavra	1999	Edição do autor	Rio de Janeiro
Ana Cruz	Mulheres Q' Rezam	2001	Edição do autor	Rio de Janeiro
Ana Cruz	Guardados da memória	2008	Edição do autor	Niterói
Ana Cruz	Eu não quero flores de plástico	2016	Edição do autor	Rio de Janeiro
Anelito de Oliveira	Lama	2000	Orobó Edições	Belo Horizonte
Anelito de Oliveira	Três Festas/ A Love Song As Monk	2004	Orobó Edições; Anome Livros	Belo Horizonte
Anelito de Oliveira	A ocorrência	2012	Orobó Edições	Belo Horizonte
Anelito de Oliveira	Mais que o fogo	2012	Orobó Edições	Belo Horizonte
Anelito de Oliveira	Transtorno	2012	Orobó Edições	Belo Horizonte
Anelito de Oliveira	Traços [poema--andante].	2018	Patuá	São Paulo
Anizio Vianna	Dublê de anjo	1996	Mazza Edições	Belo Horizonte
Anizio Vianna	Itinerário do amor urbano	1998	Orobó Edições	Belo Horizonte

Autor	Livro de poesia	Data	Editora	Local publicação
Anizio Vianna	Do amor como ilícito	2011	Quarto Setor Editorial	Belo Horizonte
Anizio Vianna	Escrevo ao vivo	2016	Quarto Setor Editorial	Belo Horizonte
Antônio Vieira	Areia, mar, poesia	1972	Artes Gráficas	Salvador
Antônio Vieira	Cantos, encantos e desencantos d'alma/Green blue shadows	1975	Mensageiro da Fé	Salvador
Antônio Vieira	Cantares d'África/Songs of Africa	1980	RIEX	Rio de Janeiro
Aristides Theodoro	Dandaluanda	1982	Edições Mariposa	Mauá
Aristides Theodoro	O poeta passeia por São Paulo num sábado à tarde	1991	Edições Mariposa	Mauá
Aristides Theodoro	Poeminha sem realismo para Ruth	1996	Edições Cântaro	Timbaúba
Aristides Theodoro	Não contribuirei com um só óbolo para a construção do novo mundo	1997	Editora não informada	Local não informado
Arlindo Veiga dos Santos	Amar... e amar depois	1923	Livraria A Campos	São Paulo
Arlindo Veiga dos Santos	Satanás	1932	Edição do autor	São Paulo
Arnaldo Xavier	Eis a Rosa--Cruz e outras ilusões ou fama libertatis.	1977	Editora G. Holman Ltda.	Belo Horizonte
Arnaldo Xavier	A rosa da recvsa	1982	Casa Pindahyba/ Debates	São Paulo

Autor	Livro de poesia	Data	Editora	Local publicação
Arnaldo Xavier	Ludlud	1997	Casa Pindahyba	São Paulo
Bernardino da Costa Lopes	Cromos	1881	Tipografia do Cruzeiro	Rio de Janeiro
Bernardino da Costa Lopes	Pizzicatos	1886	Tipografia Carioca	Rio de Janeiro
Bernardino da Costa Lopes	D. Carmem	1894	Editora não informada	Rio de Janeiro
Bernardino da Costa Lopes	Brazões	1895	Fauchon	Rio de Janeiro
Bernardino da Costa Lopes	Sinhá-flor: pela época dos crisântemos	1899	Tipografia Luís Malafaia Jr.	Rio de Janeiro
Bernardino da Costa Lopes	Val de líricos	1900	Laemmert	Rio de Janeiro
Bernardino da Costa Lopes	Plumário	1905	Tipografia Leuzinger	Rio de Janeiro
Carlos Correia Santos	O baile dos versos	1999	Litteris Editora	Rio de Janeiro
Carlos Correia Santos	Poeticário	2005	Edição do autor	Belém
Carlos de Assumpção	Protesto: poemas	1982	Edição do autor	São Paulo
Carlos de Assumpção	Quilombo	2000	Edição do Autor / UNESP	Franca
Carlos de Assumpção	Tambores da noite	2009	Coletivo Cultural Poesia na Brasa	São Paulo
Carmen Faustino	Estado de Libido ou poesias de prazer e cura	2020	Editora Oralituras	São Paulo
Carolina Maria de Jesus	Antologia pessoal	1996	Editora UFRJ	Rio de Janeiro
Cidinha da Silva	Canções de amor e dengo	2016	Edições Me Parió Revolução	São Paulo
Conceição Evaristo	Poemas da recordação e outros movimentos	2008	Nandyala	Belo Horizonte

Autor	Livro de poesia	Data	Editora	Local publicação
Cristiane Sobral	Não vou mais lavar os pratos	2010	Editora Thesaurus	Brasília
Cristiane Sobral	Só por hoje vou deixar o meu cabelo em paz	2014	Editora Teixeira	Brasília
Cristiane Sobral	Terra Negra	2017	Editora Malê	Rio de Janeiro
Cristiane Sobral	Dona dos ventos	2019	Editora Patuá	São Paulo
Cruz e Sousa	Broquéis	1893	Magalhães & Cia	Rio de Janeiro
Cruz e Sousa	Missal	1893	Magalhães & Cia	Rio de Janeiro
Cruz e Sousa	Evocações	1898	Tipografia Aldina	Rio de Janeiro
Cruz e Sousa	Faróis	1900	Tipografia Instituto Profissional	Rio de Janeiro
Cruz e Sousa	Últimos sonetos	1905	Aillaud & Cia	Paris
Cuti	Poemas da carapinha	1978	Edição do autor	São Paulo
Cuti	Batuque de tocaia	1982	Edição do autor	São Paulo
Cuti	Flash crioulo sobre o sangue e o sonho	1987	Mazza Edições	Belo Horizonte
Cuti	Sanga	2002	Mazza Edições	Belo Horizonte
Cuti	Negroesia: antologia poética	2007	Mazza Edições	Belo Horizonte
Cuti	Poemaryprosa	2009	Mazza Edições	Belo Horizonte
Cuti	Kizomba de vento e nuvem	2013	Mazza Edições	Belo Horizonte
Cuti	Negrhúmus líricos	2017	Ciclo Contínuo Editorial	São Paulo
Cuti	Axéconchego	2020	Segundo Selo / Organismo Editora	Salvador

Autor	Livro de poesia	Data	Editora	Local publicação
Cyana Leahy-Dios	Biombo	1989	Editora Cromos	Niterói
Cyana Leahy-Dios	Íntima paisagem	1997	Editora 7 letras	Rio de Janeiro
Cyana Leahy-Dios	Livro das horas do meio	1999	Editora 7 letras	Rio de Janeiro
Cyana Leahy-Dios	Seminovos em bom estado	2003	CL Edições	Rio de Janeiro
Cyana Leahy-Dios	(re)confesso poesia	2009	Editora 7 letras	Rio de Janeiro
Débora Garcia	Coroações – aurora de poemas	2014	Edição do autor	São Paulo
Edimilson de Almeida Pereira	Dormundo	1985	D'Lira	Juiz de Fora
Edimilson de Almeida Pereira	Livro de falas	1987	Edição do autor	Juiz de Fora
Edimilson de Almeida Pereira	Árvore dos Arturos & outros poemas	1988	D'Lira	Juiz de Fora
Edimilson de Almeida Pereira	Corpo imprevisto & margem dos nomes	1989	D'Lira	Juiz de Fora
Edimilson de Almeida Pereira	Ô Lapassi & outros ritmos de ouvido	1990	Editora UFMG	Belo Horizonte
Edimilson de Almeida Pereira	Corpo vivido: reunião poética	1991	Mazza Edições	Belo Horizonte
Edimilson de Almeida Pereira	O homem da orelha furada	1995	D'Lira	Juiz de Fora
Edimilson de Almeida Pereira	Rebojo	1995	D'Lira	Juiz de Fora
Edimilson de Almeida Pereira	Águas de Contendas	1998	Secretaria de Estado da Cultura	Curitiba
Edimilson de Almeida Pereira	Zeosório blues: obra poética I	2002	Mazza Edições	Belo Horizonte

Autor	Livro de poesia	Data	Editora	Local publicação
Edimilson de Almeida Pereira	Lugares ares: obra poética 2	2003	Mazza Edições	Belo Horizonte
Edimilson de Almeida Pereira	Casa da palavra: obra poética 3	2003	Mazza Edições	Belo Horizonte
Edimilson de Almeida Pereira	As coisas arcas: obra poética 4	2003	Mazza Edições	Belo Horizonte
Edimilson de Almeida Pereira	Signo Cimarrón	2005	Mazza Edições	Belo Horizonte
Edimilson de Almeida Pereira	Homeless	2010	Mazza Edições	Belo Horizonte
Edimilson de Almeida Pereira	Variaciones de un libro de sirenas	2010	Mazza Edições	Belo Horizonte
Edimilson de Almeida Pereira	Maginot, o	2015	Mazza Edições	Belo Horizonte
Edimilson de Almeida Pereira	Relva	2015	Mazza Edições	Belo Horizonte
Edimilson de Almeida Pereira	Guelras	2016	Mazza Edições	Belo Horizonte
Edimilson de Almeida Pereira	Caderno de retorno	2017	Ogum's Toques Negros	Salvador
Edimilson de Almeida Pereira	E	2017	Patuá	São Paulo
Edimilson de Almeida Pereira	Quasi segundo caderno	2017	Editora 34	São Paulo
Edimilson de Almeida Pereira	Poesia + (antologia 1985-2019)	2019	Editora 34	São Paulo
Edson Lopes Cardoso	Areal das Sevícias	1977	Edição do autor	Salvador
Edson Lopes Cardoso	Ubá	1999	Edição do autor	Brasília
Eduardo de Oliveira	Além do pó	1944	Editora não informada	Local não informado
Eduardo de Oliveira	Ancoradouro	1960	Gráfica Bentivegnia	São Paulo
Eduardo de Oliveira	O Ébano	1961	Mar	São Paulo

Autor	Livro de poesia	Data	Editora	Local publicação
Eduardo de Oliveira	Banzo	1962	Editora Brasil	São Paulo
Eduardo de Oliveira	Gestas líricas da negritude	1967	Obelisco	São Paulo
Eduardo de Oliveira	Evangelho da solidão	1969	Obelisco	São Paulo
Eduardo de Oliveira	Evangelho da solidão: dez anos de poesia 1958-1968	1969	Ed. Cupolo	São Paulo
Eduardo de Oliveira	Túnica de Ébano	1980	Tribuna Piracicabana	São Paulo
Eduardo de Oliveira	Carrossel de sonetos	1994	Editora não informada	Local não informado
Éle Semog	Curetagem (poemas doloridos)	1987	Edição do autor	Rio de Janeiro
Éle Semog	A cor da demanda	1997	Letra Capital	Rio de Janeiro
Éle Semog	Tudo o que está solto: poesias afro-brasileiras	2010	Letra Capital	Rio de Janeiro
Éle Semog	Guarda pra mim	2015	Letra Capital	Rio de Janeiro
Eliane Marques	Relicário	2009	Grupo Cero Brasil	Porto Alegre
Eliane Marques	E se alguém o pano	2015	Aprés Coup - Escola de Poesia	Porto Alegre
Elio Ferreira	Canto sem viola	1983	Edição do autor	Brasília
Elio Ferreira	Poemartelos (o ciclo do ferro)	1986	Edição do autor	Teresina
Elio Ferreira	o contra-lei (o ciclo do fogo)	1994	Edição do autor	Teresina
Elio Ferreira	o contra-lei & outros poemas	1997	Abracadabra edições	Teresina
Elio Ferreira	América Negra	2004	Abracadabra edições	Teresina

Autor	Livro de poesia	Data	Editora	Local publicação
Elio Ferreira	América negra & outros poemas afro-brasileiros	2014	Quilombhoje	São Paulo
Eliseu César	Algas	1894	Typ. Lith. Encadernação e Pautação de Jayme Seixas & c	João Pessoa
Elizandra Souza	Águas da cabaça	2012	Edição do autor	São Paulo
Estevão Maya-Maya	Regresso triunfal de Cruz e Sousa e Os segredos de seu Bita da-nó-em-pingod'água	1982	Kikulakafi	São Paulo
Fausto Antonio	Fala de pedra e pedra	1986	Selo Editorial RG	Campinas
Fausto Antonio	Linhagem de pedra e outra pessoa	1991	Selo Editorial RG	Campinas
Fausto Antonio	Vinte Anos de Poesia	2006	Arte Literária	Campinas
Fausto Antonio	Patuá de palavras, o (in)verso negro	2019	Galileu Edições	Londrina
Fernanda Bastos	Dessa cor	2018	Figura de Linguagem	Porto Alegre
Fernanda Bastos	Eu vou piorar	2020	Figura de Linguagem	Porto Alegre
Fernando Conceição	Amar faz bem mas dói	1997	Lys Editora	Salvador
Francisco Maciel	Cavalos & santos	2011	Menthor Textual	Rio de Janeiro
Geni Guimarães	Terceiro filho	1979	Editora Jalovi	Bauru
Geni Guimarães	Da flor o afeto, da pedra o protesto	1981	Edição do autor	Barra Bonita

Autor	Livro de poesia	Data	Editora	Local publicação
Geni Guimarães	Balé das emoções	1993	Edição do autor	Barra Bonita
Geni Guimarães	Poemas do regresso	2020	Editora Malê	Rio de Janeiro
Gonçalves Crespo	Miniaturas	1871	Imprensa da Universidade	Coimbra
Gonçalves Crespo	Nocturnos	1882	Imprensa Nacional	Lisboa
Guellwaar Adún	Desinteiro	2016	Ogum's Toques Negros	Salvador
Hermógenes Almeida	REGGAE = IJÊXÁ – poemas, canções & anunciações	1983	Edição do autor	Rio de Janeiro
Hermógenes Almeida	Roteiro dos Oríkìs – ensaio e poemas	1987	Edição do autor	Rio de Janeiro
Hermógenes Almeida	Oríkìs – Canções de Rebeldia, Poemas de Paixão	1988	Grafline	Rio de Janeiro
Ivan Cupertino	O mundo e o sonho	1983	Editora não informada	Local não informado
Ivan Cupertino	Verde	1984	Editora não informada	Local não informado
Ivan Cupertino	Ave de rapina	1985	Edição do autor	Nova Lima
Ivan Cupertino	Exercício de existência	1988	Edição do autor	Nova Lima
Ivan Cupertino	Feminino	1991	Edição do autor	Belo Horizonte
Ivan Cupertino	Despaisado	1998	Orobó Edições	Belo Horizonte
Jamu Minka	Teclas do ébano	1986	Edição do autor	São Paulo
Jenyffer Nascimento	Terra fértil	2014	Mjiba	São Paulo
Jônatas Conceição	Miragem de engenho	1984	Instituto de Radiodifusão Educativa da Bahia	Salvador

Autor	Livro de poesia	Data	Editora	Local publicação
Jônatas Conceição	Outras miragens	1989	Confraria do Livro	São Paulo
José Ailton Ferreira (Bahia)	Paradoxo do P.Q.P.	1986	Scortecci	São Paulo
José Ailton Ferreira (Bahia)	Vertentes e transversais	1989	Scortecci	São Paulo
José Ailton Ferreira (Bahia)	Abóbada do meu pensamento	1991	Scortecci	São Paulo
José Ailton Ferreira (Bahia)	Pontos sinuosos	1992	Scortecci	São Paulo
José Ailton Ferreira (Bahia)	Brumas e outros caminhos (quase) luminosos	1995	Scortecci	São Paulo
José Ailton Ferreira (Bahia)	Pontos sinuosos	1995	Scortecci	São Paulo
José Ailton Ferreira (Bahia)	Versistência etc & tal	1995	Scortecci	São Paulo
José Ailton Ferreira (Bahia)	Versômetro	1996	Scortecci	São Paulo
José Ailton Ferreira (Bahia)	Sussurros e temporais	1998	Scortecci	São Paulo
José Carlos Limeira	Zumbi... dos	1971	Edição do autor	Rio de Janeiro
José Carlos Limeira	Lembranças	1972	Edição do autor	Rio de Janeiro
José Carlos Limeira	Black intentions/ Negras intenções	2003	Edição do autor	Salvador
José Carlos Limeira	Encantadas	2015	Ogum's Toques Negros	Salvador
José Endoença Martins	Me pagam pra Kaput	1986	Fundação Casa Dr. Blumenau	Blumenau
José Endoença Martins	Me tomam pra Doryl	1987	Fundação Casa Dr. Blumenau	Blumenau
José Endoença Martins	Me vestem pra Dujon	1988	Nova Safra	Belo Horizonte

Autor	Livro de poesia	Data	Editora	Local publicação
José Endoença Martins	Diet poesia	1990	Edição do autor	Blumenau
José Endoença Martins	Traseiro de brasileiro	1992	Fundação Casa Dr. Blumenau	Blumenau
José Endoença Martins	Nisso Ele é Poeta. Eu não	1996	Letras Contemporâneas	Florianópolis
José Endoença Martins	Poelítica	1996	Letra Viva	Blumenau
Jussara Santos	Samba de santos	2015	Edições de Minas	Belo Horizonte
Lande Onawale	O vento	2003	Edição do autor	Salvador
Lande Onawale	Kalunga: poemas de um mar sem fim / poems of an infinte sea	2011	Edição do autor	Salvador
Lande Onawale	Pretices e Milongas	2019	Organismo Editora	Salvador
Lepê Correia (Severino Lepê Correia)	Caxinguelê	1993	Edição do autor	Recife
Lia Vieira	Eu, mulher – mural de poesias	1990	Edição do autor	Niterói
Lílian Paula Serra e Deus	A palavra em preto e branco	2017	Clock-t Edições e Artes	Colatina
Lilian Rocha	A vida pulsa – Poesias e reflexões	2013	Editora Alternativa	Porto Alegre
Lilian Rocha	Negra soul	2016	Editora Alternativa	Porto Alegre
Lilian Rocha	Menina de tranças	2018	Editora Taverna	Porto Alegre
Lino Guedes	Black	1926	Edição do autor	São Paulo
Lino Guedes	O Canto do cysne preto	1935	Áurea	São Paulo
Lino Guedes	Negro preto cor da noite	1936	Cruzeiro do Sul	São Paulo
Lino Guedes	Urucungo	1936	Cruzeiro do Sul	São Paulo

Autor	Livro de poesia	Data	Editora	Local publicação
Lino Guedes	Dictinha	1938	Edição do autor	São Paulo
Lino Guedes	Mestre Domingos	1938	Cruzeiro do Sul	São Paulo
Lino Guedes	O pequeno bandeirante	1938	Cruzeiro do Sul	São Paulo
Lino Guedes	Sorrisos do cativeiro	1938	Edição do autor	São Paulo
Lino Guedes	Vigília do Pai João	1938	Edição do autor	São Paulo
Lino Guedes	Nova inquilina do céu	1943	Edição do autor	São Paulo
Lino Guedes	Suncristo	1951	Coleção Hendi	São Paulo
Lívia Natália	Água negra	2011	EPP	Salvador
Lívia Natália	Correntezas e outros estudos marinhos	2015	Ogum's Toques Negros	Salvador
Lívia Natália	Água negra e outras águas	2016	EPP	Salvador
Lívia Natália	Dia bonito pra chover	2017	Editora Malê	Rio de Janeiro
Lívia Natália	Sobejos do mar	2017	EPP; Caramurê Publicações	Salvador
Lourdes Teodoro	Água Marinha, Ou Tempo Sem Palavra	1978	Edição do autor	Brasília
Lourdes Teodoro	Flores de Goiás	1994	Edição do autor	Brasília
Lourdes Teodoro	Paysage en attente	1995	Edição do autor	Brasília
Lourdes Teodoro	Canções do Mais Belo Incesto e Poemas Antigos	1996	Edição do autor	Brasília
Lourdes Teodoro	Poemas Antigos	1996	Edição do autor	Brasília
Lubi Prates	coração na boca	2012	Editora Patuá	São Paulo
Lubi Prates	triz	2016	Editora Patuá	São Paulo

Autor	Livro de poesia	Data	Editora	Local publicação
Lubi Prates	um corpo negro	2018	Nosotros Editorial	São Paulo
Luiz Gama	Primeiras trovas burlescas de Getulino	1859	Tipografia Dois de Dezembro	Rio de Janeiro
Machado de Assis	Crisálidas	1864	Garnier	Rio de Janeiro
Machado de Assis	Falenas	1870	Garnier	Rio de Janeiro
Machado de Assis	Americanas	1875	Garnier	Rio de Janeiro
Machado de Assis	Poesias completas	1901	Garnier	Rio de Janeiro
Marcos A. Dias	Rebelamentos	1990	Mazza Edições	Belo Horizonte
Marcos A. Dias	País indig(o Blue)Nação	1995	Mazza Edições	Belo Horizonte
Marcos A. Dias	Estudos sobre a cidade (& exercícios de sobrevivência)	1997	Mazza Edições	Belo Horizonte
Marcos Fabrício Lopes da Silva	Tudo o que está solto: poesias afro-brasileiras	2010	Emcomum Estúdio Livre	Belo Horizonte
Marcos Fabrício Lopes da Silva	Doelo	2014	Rede Catitu Cultural	Belo Horizonte
Marcos Fabrício Lopes da Silva	Chapa quente	2015	Editora Baraúnas	São Paulo
Marcos Fabrício Lopes da Silva	Aberto pra gente brincar de balanço	2017	Livraria Pé Vermelho	Betim
Maria Firmina dos Reis	Cantos à Beira Mar	1871	Typografia do Paiz	São Luis
Maria Helena Vargas (M. Helena Vargas da Silveira)	Meu Nome Pessoa – Três Momentos de Poesia	1989	Grupo Editorial Rainha Ginga	Porto Alegre

Autor	Livro de poesia	Data	Editora	Local publicação
Mel Duarte	Fragmentos dispersos	2013	Na Função: produções artísticas	São Paulo
Mel Duarte	Negra nua crua	2016	Ijumaa	São Paulo
Mel Duarte	Colméia	2020	Philos	Rio de Janeiro
Michel Yakini	Acorde um verso	2012	Elo da Corrente Edições	São Paulo
Miriam Alves	Momentos de busca	1983	Edição do autor	São Paulo
Miriam Alves	Estrelas no dedo	1985	Edição do autor	São Paulo
Natasha Felix	Use o alicate agora	2018	Editora Macondo	São Paulo
Natasha Felix	9 poemas	2019	Las Hortensias	Buenos Aires
Nei Lopes	Incursões sobre a pele	1996	Artium	Rio de Janeiro
Nei Lopes	Poétnica	2014	Mórula	Rio de Janeiro
Neide Almeida	Nambuê	2017	Móri Zines	São Paulo
Neide Almeida	Nós - 20 poemas e uma Oferenda	2018	Ciclo Contínuo Editorial	São Paulo
Nelson Maca	Gramática da ira	2015	Blacktude	Salvador
Nelson Maca	Go Afrika	2019	Blacktude	Salvador
Nina Rizzi	tambores pra n'zinga	2012	Editora Multifoco	Rio de Janeiro
Nina Rizzi	a Duração do Deserto	2014	Editora Patuá	São Paulo
Nina Rizzi	Romério Rômulo: ¡Ah, si yo fuera Maradona!	2015	Edições Dubolsinho	Sabará
Nina Rizzi	geografia dos ossos	2016	Editora Douda Correria	Lisboa
Nina Rizzi	quando vieres ver um banzo cor de fogo	2017	Editora Patuá	São Paulo
Nina Rizzi	sereia no copo d'água	2017	Edições Jabuticaba	São Paulo
Nívea Sabino	Interiorana	2016	Padê Editorial	São Paulo

Autor	Livro de poesia	Data	Editora	Local publicação
Oliveira Silveira	Germinou	1962	Edição do autor	Porto Alegre
Oliveira Silveira	Poemas regionais	1968	Edição do autor	Porto Alegre
Oliveira Silveira	Banzo, saudade negra	1970	Edição do autor	Porto Alegre
Oliveira Silveira	Décima do negro peão	1974	Edição do autor	Porto Alegre
Oliveira Silveira	Praça da palavra	1976	Edição do autor	Porto Alegre
Oliveira Silveira	Pêlo escuro	1977	Edição do autor	Porto Alegre
Oliveira Silveira	Roteiro dos tantãs	1981	Edição do autor	Porto Alegre
Oliveira Silveira	Poema sobre Palmares	1987	Edição do autor	Porto Alegre
Oliveira Silveira	Anotações à margem	1994	Secretaria Municipal de Cultura de Porto Alegre	Porto Alegre
Oswaldo de Camargo	Um homem tenta ser anjo	1959	Supertipo	São Paulo
Oswaldo de Camargo	15 poemas negros	1961	Associação Cultural do Negro	São Paulo
Oswaldo de Camargo	O carro do êxito	1972	Martins Fontes	São Paulo
Oswaldo de Camargo	O estranho	1984	Roswita Kempf	São Paulo
Oswaldo de Camargo	Luz & breu: antologia poética 1958-2017	2017	Ciclo Contínuo Editorial	São Paulo
Oubi Inaê Kibuko	Como se fosse pecado	1980	Edição do autor	São Paulo
Oubi Inaê Kibuko	Mergulho	1981	Edição do autor	São Paulo
Oubi Inaê Kibuko	Sobrevivência	1981	Edição do autor	São Paulo
Oubi Inaê Kibuko	Poemas para o meu amor	1984	Quilombhoje	São Paulo

Autor	Livro de poesia	Data	Editora	Local publicação
Oubi Inaê Kibuko	Canto à negra mulher amada	1986	Edição do autor	São Paulo
Paulo Colina (Paulo Eduardo de Oliveira)	Plano de Vôo	1984	Roswitha Kempf	São Paulo
Paulo Colina (Paulo Eduardo de Oliveira)	A noite não pede licença	1987	Roswitha Kempf	São Paulo
Paulo Colina (Paulo Eduardo de Oliveira)	Todo o fogo da luta	1989	Scortecci Editora	São Paulo
Paulo Dutra	Abliterações	2019	Editora Malê	Rio de Janeiro
Paulo Lins	Sob o sol	1986	UFRJ	Rio de Janeiro
Raquel Almeida	Sagrado Sopro – do solo que renasço	2014	Elo da Corrente Edições	São Paulo
Raquel Almeida	Contos de Yõnu	2019	Elo da Corrente Edições	São Paulo
Ricardo Dias	Balanço de vida	1986	João Scortecci	São Paulo
Ricardo Dias	Jugo suave	1992	João Scortecci	São Paulo
Rita Santana	Tratado das Veias	2006	Selo Letras da Bahia	Salvador
Rita Santana	Alforrias	2012	Editus	Ilhéus
Ronald Augusto	Homem ao rubro	1983	Edição do Grupo Pró-texto	Porto Alegre
Ronald Augusto	Kânhamo	1987	Edição do autor	Porto Alegre
Ronald Augusto	Puya	1987	Edição do autor	Porto Alegre
Ronald Augusto	Vá de valha	1992	Secretaria Municipal de Cultura de Porto Alegre	Porto Alegre
Ronald Augusto	Confissões aplicadas	2004	AMEOP	Porto Alegre
Ronald Augusto	No assoalho duro	2007	Editora Éblis	Porto Alegre

Autor	Livro de poesia	Data	Editora	Local publicação
Ronald Augusto	Cair de costas	2012	Editora Éblis	Porto Alegre
Ronald Augusto	Empresto do visitante	2013	Editora Patuá	São Paulo
Ronald Augusto	Nem raro nem claro	2015	Butecanis Editora Cabocla	Porto Alegre
Ronald Augusto	À Ipásia que o espera	2016	Ogum's Toques Negros	Salvador
Ronald Augusto	A contragosto do solo	2020	Demônio Negro	Porto Alegre
Salgado Maranhão	Punhos da serpente	1989	Achiamé	Rio de Janeiro
Salgado Maranhão	Palávora	1995	Editora 7 letras	Rio de Janeiro
Salgado Maranhão	O beijo da fera	1996	Editora 7 letras	Rio de Janeiro
Salgado Maranhão	Mural de ventos	1998	José Olympio	Rio de Janeiro
Salgado Maranhão	Sol sanguíneo	2002	Imago	Rio de Janeiro
Salgado Maranhão	Solo de gaveta & Amorágio	2005	SESC	Rio de Janeiro
Salgado Maranhão	A cor do vento	2009	Imago/ Fundação Biblioteca Nacional	Rio de Janeiro
Salgado Maranhão	O mapa da tribo	2013	Editora 7 Letras	Rio de Janeiro
Salgado Maranhão	Ópera de nãos	2015	Butecanis Editora Cabocla	Rio de Janeiro
Salgado Maranhão	Avessos e avulsos	2016	Editora 7 letras	Rio de Janeiro
Salgado Maranhão	A sagração dos lobos	2017	Editora 7 letras	Rio de Janeiro
Santiago Dias	Rosas e vidas	1982	Edição do autor	São Paulo
Santiago Dias	Caminho	1984	Edição do autor	São Paulo
Santiago Dias	Estradar	1987	Edição do autor	São Paulo

Autor	Livro de poesia	Data	Editora	Local publicação
Sergio Ballouk	Enquanto o tambor não chama	2011	Quilombhoje	São Paulo
Severo D'Acelino	Panáfrica, África Iya N'La	2002	Casa de Cultura Afro-Sergipana	Aracaju
Severo D'Acelino	Queloide	2018	J. Andrade	Aracaju
Solano Trindade	Poemas negros	1936	Edição do autor	Recife
Solano Trindade	Poemas d´uma vida simples	1944	Editora não informada	Rio de Janeiro
Solano Trindade	Seis tempos de poesia	1958	A. Melo	São Paulo
Solano Trindade	Cantares ao meu povo	1961	Editora Fulgor	São Paulo
Solano Trindade	Tem gente com fome e outros poemas	1988	Sindicato dos Escritores do Rio de Janeiro	Rio de Janeiro
Tatiana Nascimento	Esboço	2016	Padê Editorial	Brasília
Tatiana Nascimento	Lundu	2016	Padê Editorial	Brasília
Tatiana Nascimento	mil994	2018	Padê Editorial	Brasília
Tatiana Nascimento	07 notas sobre o apocalipse, ou, poemas para o fim do mundo	2019	KZA1	Rio de Janeiro
Waldemar Euzébio Pereira	Prosoema	1976	Edição do autor	Belo Horizonte
Waldemar Euzébio Pereira	Do cinza ao negro	1993	Mazza Edições	Belo Horizonte
Waldemar Euzébio Pereira	25 boleros entre sambas	2014	Mazza Edições	Belo Horizonte
Wesley Correia	Pausa para um beijo e outros poemas	2006	Ed. Nova Civilização	Fortaleza

Autor	Livro de poesia	Data	Editora	Local publicação
Wesley Correia	Deus é Negro	2013	Ed. Pinaúna	Camaçari
Wesley Correia	Íntimo Vesúvio	2017	Ed. Pinaúna	Camaçari
Wesley Correia	Laboratório de incertezas	2020	Editora Malê	Rio de Janeiro
Zainne Lima	Pequenas ficções de memória	2018	Editora Patuá	São Paulo
Zainne Lima	Canções para desacordar os homens	2020	Edição do autor	Local não informado
Zainne Lima	Pedra sobre pedra	2020	Editora Venas Abiertas	Belo Horizonte

TABELA GERAL – CONTO

Autor	Livro de conto	Data	Editora	Local publicação
Abelardo Rodrigues	Papel de seda	2020	Ciclo Contínuo	São Paulo
Ademiro Alves (Sacolinha)	85 letras e um disparo	2006	Ilustra	São Paulo
Ademiro Alves (Sacolinha)	Manteiga de cacau	2012	Ilustra	São Paulo
Ademiro Alves (Sacolinha)	Brechó, meia-noite e fantasia	2016	Editora Patuá	São Paulo
Adriano Moura	Invisíveis	2020	Editora Patuá	São Paulo
Aidil Araújo Lima	Mulheres sagradas	2017	Portuário Atelier Editorial	Cachoeira
Aidil Araújo Lima	Páginas rasgadas	2020	Segundo Selo	Salvador
Alcidéia Miguel	Sampa em contos e crônicas negras	2019	Scortecci Editora	São Paulo
Allan da Rosa	Reza de Mãe	2016	Editora Nós	São Paulo
Alzira dos Santos Rufino	Qual o quê	2006	Edição do autor	Santos
Anelito de Oliveira	O iludido	2018	Páginas Editora	Belo Horizonte
Cidinha da Silva	O homem azul do deserto	2018	Editora Malê	Rio de Janeiro
Cidinha da Silva	Um Exu em Nova York	2018	Pallas Editora	Rio de Janeiro
Conceição Evaristo	Insubmissas lágrimas de mulheres	2011	Nandyala	Belo Horizonte
Conceição Evaristo	Olhos d'água	2014	Pallas Fundação Biblioteca Nacional	Rio de Janeiro
Conceição Evaristo	Histórias de leves enganos e parecenças	2016	Editora Malê	Rio de Janeiro

Autor	Livro de conto	Data	Editora	Local publicação
Cristiane Sobral	Espelhos, miradouros, dialéticas da percepção	2011	Dulcina Editora	Brasília
Cristiane Sobral	O tapete voador	2016	Editora Malê	Rio de Janeiro
Cuti	Quizila	1987	Quilombhoje	São Paulo
Cuti	Negros em contos	1996	Mazza Edições	Belo Horizonte
Cuti	Contos Crespos	2009	Mazza Edições	Belo Horizonte
Cuti	Contos escolhidos	2016	Editora Malê	Rio de Janeiro
Cuti	A pupila é preta	2020	Editora Malê	Rio de Janeiro
Elisa Pereira	Sem fantasia	2020	Editora Venas Abiertas	Belo Horizonte
Elizandra Souza	Filha do fogo: doze contos de amor e cura	2020	MJIBA	São Paulo
Esmeralda Ribeiro	Malungos e milongas	1988	Edição do autor	São Paulo
Eustáquio José Rodrigues	Cauterizai o meu umbigo	1986	Anima	Rio de Janeiro
Eustáquio José Rodrigues	Flor de sangue	1990	Mazza Edições	Belo Horizonte
Fábio Mandingo	Salvador Negro Rancor	2011	Ciclo Contínuo	São Paulo
Fábio Mandingo	Morte e Vida Virgulina	2013	Ciclo Contínuo	São Paulo
Fábio Mandingo	Muito como um rei	2015	Ciclo Contínuo	São Paulo
Fausto Antonio	Vinte Anos de Prosa	2006	Arte Literária	Campinas
Geni Guimarães	Leite do peito	1988	Fundação Nestlé de Cultura	São Paulo
Geni Guimarães	A cor da ternura	1989	Editora FTD	São Paulo
Henrique Cunha Jr.	Negros na noite	1987	EDICON	São Paulo

Autor	Livro de conto	Data	Editora	Local publicação
Henrique Cunha Jr.	Tear africano: contos afrodescendentes	2004	Selo Negro	São Paulo
Itamar Vieira Junior	Dias	2012	Caramurê Publicações	Salvador
Itamar Vieira Junior	A oração do carrasco	2017	Mondrongo	Itabuna
Jorge Dikamba	Memorial	2019	Edição do autor	Belo Horizonte
José Ailton Ferreira (Bahia)	Paradoxo do P.Q.P.	1986	Scortecci	São Paulo
José Endoença Martins	A cor errada de Shakespeare	2006	Odorizzi	Blumenal
Jussara Santos	De flores artificiais	2002	Sobá	Belo Horizonte
Jussara Santos	Com afagos e margaridas	2006	Quarto Setor Editorial	Belo Horizonte
Lande Onawale	Sete: diásporas íntimas	2011	Mazza Edições	Belo Horizonte
Lia Vieira	Só as mulheres sangram	2011	Nandyala	Belo Horizonte
Lílian Paula Serra e Deus	Não é preciso ter útero para ser mulher	2020	Editora Voz Mulher	São Paulo
Lima Barreto	Histórias e sonhos	1920	Editora Gianlorenzo Schettino	Rio de Janeiro
Lu Ain-Zaila	Sankofia: breves histórias sobre afrofuturismo	2018	Edição do autor	Rio de Janeiro
Machado de Assis	Contos Fluminenses	1872	Garnier	Rio de Janeiro
Machado de Assis	Histórias da meia-noite	1873	Garnier	Rio de Janeiro
Machado de Assis	Papéis avulsos	1882	Livraria Lombaerts & C.	Rio de Janeiro
Machado de Assis	Histórias sem data	1884	Garnier	Rio de Janeiro

Autor	Livro de conto	Data	Editora	Local publicação
Machado de Assis	Várias histórias	1896	Laemmert & Co. Editores	Rio de Janeiro
Machado de Assis	Páginas recolhidas	1899	Garnier	Rio de Janeiro
Machado de Assis	Relíquias de casa velha	1906	Garnier	Rio de Janeiro
Mãe Beata de Yemonjá	Caroço de dendê: a sabedoria dos terreiros	2002	Pallas	Rio de Janeiro
Mãe Beata de Yemonjá	Histórias que a minha avó contava	2004	Terceira Margem	São Paulo
Mãe Stella de Oxóssi	Meu tempo é agora	1993	Editora Oduduwa	São Paulo
Mãe Stella de Oxóssi	Òsòsi: o caçador de alegrias	2006	Secult – Secretaria de Cultura da Bahia	Salvador
Manto Costa	Circo de pulgas	2014	Pallas	Rio de Janeiro
Maria Helena Vargas (M. Helena Vargas da Silveira)	O Sol de Fevereiro	1991	Grupo Cultural Rainha Ginga	Porto Alegre
Maria Helena Vargas (M. Helena Vargas da Silveira)	Odara – Fantasia e Realidade	1993	Grupo Editorial Rainha Ginga	Porto Alegre
Maria Helena Vargas (M. Helena Vargas da Silveira)	Negrada	1994	Grupo Editorial Rainha Ginga	Porto Alegre
Maria Helena Vargas (M. Helena Vargas da Silveira)	Tipuana	1997	Grupo Editorial Rainha Ginga	Porto Alegre
Mário Medeiros	Gosto de amora	2019	Editora Malê	Rio de Janeiro
Mário Medeiros	Numa esquina do mundo	2020	Editora Kapulana	São Paulo

Autor	Livro de conto	Data	Editora	Local publicação
Mestre Didi	Contos Negros da Bahia	1961	GRD	Rio de Janeiro
Mestre Didi	Contos de Nagô	1962	GRD	Rio de Janeiro
Mestre Didi	Contos crioulos da Bahia, narrados por Mestre Didi	1976	Vozes	Petrópolis
Mestre Didi	Contos de Mestre Didi	1981	CODECRI	Rio de Janeiro
Mestre Didi	Contos negros da Bahia e Contos de nagô	2003	Corrupio	Salvador
Michel Yakini	Desencontros	2007	Edição do autor	São Paulo
Miriam Alves	Mulher mat(r)iz	2011	Nandyala	Belo Horizonte
Muniz Sodré	Santugri: histórias de mandinga e capoeiragem	1988	José Olympio	Rio de Janeiro
Muniz Sodré	Rio, Rio	1995	Relume-Dumará	Rio de Janeiro
Muniz Sodré	A lei do santo	2000	Bluhm	Rio de Janeiro
Nascimento Moraes	Contos de Valério Santiago	1972	SIOGE	São Luis
Nei Lopes	Casos crioulos	1987	CCM Editora	Rio de Janeiro
Nei Lopes	171, Lapa-Irajá – casos e enredos do samba	1999	Folha Seca	Rio de Janeiro
Nei Lopes	20 contos e uns trocados	2006	Record	Rio de Janeiro
Nei Lopes	Nas águas dessa baía há muito tempo: contos da Guanabara	2017	Record	Rio de Janeiro
Nelson Maca	Relatos da Guerra Preta ou Bahia Baixa Estação	2020	Blacktude	Salvador

Autor	Livro de conto	Data	Editora	Local publicação
Oswaldo de Camargo	O carro do êxito	1972	Martins	São Paulo
Paulo Colina (Paulo Eduardo de Oliveira)	Fogo Cruzado	1980	Edições Populares	São Paulo
Paulo Dutra	Aversão Oficial	2018	Editora Malê	Rio de Janeiro
Plínio Camillo	Coração peludo	2014	Editora Kazuá	São Paulo
Plínio Camillo	Outras Vozes	2015	11 Editora	Jaú
Plínio Camillo	Amargo	2018	Editora Kazuá	São Paulo
Plínio Camillo	Ao leite	2018	Editora Kazuá	São Paulo
Plínio Camillo	Castanhas	2018	Editora Kazuá	São Paulo
Plínio Camillo	Crocante	2018	Editora Kazuá	São Paulo
Plínio Camillo	Meio amargo	2018	Editora Kazuá	São Paulo
Plínio Camillo	Meio doce	2018	Editora Kazuá	São Paulo
Plínio Camillo	Mel	2018	Editora Kazuá	São Paulo
Plínio Camillo	Pimenta	2018	Editora Kazuá	São Paulo
Plínio Camillo	Recheados	2018	Editora Kazuá	São Paulo
Plínio Camillo	Trufados	2018	Editora Kazuá	São Paulo
Plínio Camillo	Notas de escurecimento: contos de escrevivência	2019	Colli Books	São Paulo
Ramatis Jacino	As pulgas e outros contos de horror	1997	Dandara Gráfica Editora	São Paulo
Raul Astolfo Marques	A vida maranhense	1905	Tipografia Frias	São Luis
Raul Astolfo Marques	Natal	1908	Tipografia Teixeira	São Luis
Raymundo de Souza Dantas	Agonia	1945	Editora Guairá	Curitiba
Rita Santana	Tramela	2004	Casa de Palavras	Salvador
Ruth Guimarães	Contos de cidadezinha	1996	Centro Cultural "Teresa D'Ávila"	Lorena
Ruth Guimarães	Contos negros	2020	Faro Editorial	São Paulo

Autor	Livro de conto	Data	Editora	Local publicação
Ruth Guimarães	Contos índios	2020	Faro Editorial	São Paulo
Sergio Ballouk	Casa de Portugal	2015	Ciclo Editorial	São Paulo
Severo D'Acelino	Cânticos de contar contos: revisitação à ancestralidade afro-sergipana	2019	MemoriAfro	Aracaju
Vagner Amaro	Eles	2018	Editora Malê	Rio de Janeiro
Valdomiro Martins	Guerrilha e solidão	2008	Literalis	Porto Alegre
Valdomiro Martins	O colecionador de fadas	2015	Edição do autor	Bagé
Valdomiro Martins	O ruído áspero da vespa	2015	Edição do autor	Bagé
Waldemar Euzébio Pereira	Achados	2004	Mazza Edições	Belo Horizonte

TABELA GERAL – ROMANCE

Autor	Romance	Data	Editora	Local publicação
Ademiro Alves (Sacolinha)	Graduado em Marginalidade	2005	Scortecci	São Paulo
Ademiro Alves (Sacolinha)	Estação Terminal	2010	Nankim	São Paulo
Adriano Moura	O julgamento de Lúcifer	2013	Novo Século	São Paulo
Alcidéia Miguel	Um amor feito tatuagem	2020	Scortecci Editora	São Paulo
Aline França	A mulher de Aleduma	1981	Clarindo Silva e Cia. Ltda., Tipografia São Judas Tadeu	Salvador
Aline França	Os Estandartes	1993	Editora Littera	Salvador
Alzira dos Santos Rufino	A mulata do sapato lilás	2007	Edição do autor	Santos
Ana Maria Gonçalves	Ao lado e à margem do que sentes por mim	2002	Borboletas	Salvador
Ana Maria Gonçalves	Um defeito de cor	2006	Record	Rio de Janeiro
Anajá Caetano	Negra Efigênia, paixão do senhor branco	1966	Edicel	São Paulo
Arlindo Veiga dos Santos	As filhas da cabana (ou No fundo dos sertões)	1921	Salesiana	São Paulo
Arlindo Veiga dos Santos	As filhas da cabana (ou No fundo dos sertões) Parte II	1923	Salesiana	São Paulo
Carlos Correia Santos	Velas na Tapera	2008	Secretaria de Estado de Cultura	Belém
Carlos Correia Santos	Senhora de Todos os Passos	2012	Instituto de Artes do Pará	Belém
Conceição Evaristo	Ponciá Vicêncio	2003	Mazza Edições	Belo Horizonte

Autor	Romance	Data	Editora	Local publicação
Conceição Evaristo	Becos da Memória	2006	Mazza Edições	Belo Horizonte
Edimilson de Almeida Pereira	Font	2020	Editora Nós	São Paulo
Edimilson de Almeida Pereira	O ausente	2020	Editora Relicário	Belo Horizonte
Edimilson de Almeida Pereira	Um corpo à deriva	2020	Edições Macondo	Juiz de Fora
Eliana Alves Cruz	Água de barrela	2016	Fundação Cultural Palmares	Brasília
Eliana Alves Cruz	O crime do cais do Valongo	2018	Malê Editora	Rio de Janeiro
Eliana Alves Cruz	Nada digo de ti, que em ti não veja	2020	Pallas	Rio de Janeiro
Eustáquio José Rodrigues	Além das águas de cor	2014	Biblioteca 24 horas	São Paulo
Fausto Antonio	Exumos	1995	Selo Editorial RG	Campinas
Fernando Conceição	Diasporá	2012	Casarão do verbo	Anajé
Francisco Maciel	O primeiro dia do ano da peste	2001	Estação Liberdade	São Paulo
Itamar Vieira Junior	Torto arado	2019	Todavia	São Paulo
Jeferson Tenório	O beijo na parede	2013	Sulina	Porto Alegre
Jeferson Tenório	Estela sem Deus	2018	Zouk	Porto Alegre
Jeferson Tenório	O avesso da pele	2020	Companhia das Letras	São Paulo
Joel Rufino dos Santos	Crônica de indomáveis delírios	1991	Rocco	Rio de Janeiro
Joel Rufino dos Santos	Bichos da terra tão pequenos	2010	Rocco	Rio de Janeiro

Autor	Romance	Data	Editora	Local publicação
Joel Rufino dos Santos	Claros sussurros de celestes ventos	2012	Bertrand Brasil	Rio de Janeiro
José do Patrocínio	Mota Coqueiro ou A pena de Morte	1877	Gazeta de Notícias (folhetins)	Rio de Janeiro
José do Patrocínio	Os retirantes	1879	S.C.P.	Rio de Janeiro
José do Patrocínio	Pedro Espanhol	1884	Typografia da Gazeta da Tarde	Rio de Janeiro
José Endoença Martins	Enquanto isso em Dom Casmurro	1993	Paralelo 27	Florianópolis
José Endoença Martins	Legbas, Exus e jararacumbah blues	2012	Nova Letra	Blumeau
Lima Barreto	Recordações do escrivão Isaías Caminha	1909	Clássica Editora	Lisboa
Lima Barreto	Numa e Ninfa	1915	Officinas d' "A Noite"	Rio de Janeiro
Lima Barreto	Triste fim de Policarpo Quaresma	1915	Tipografia Revista dos Tribunais	Rio de Janeiro
Lima Barreto	Vida e morte de M. J. Gonzaga de Sá	1919	Revista do Brasil	São Paulo
Lima Barreto	Clara dos Anjos	1948	Mérito	Rio de Janeiro
Lu Ain-Zaila	(In)Verdades. Duologia Afro-Brasil, vol. 1	2016	Edição do autor	Rio de Janeiro
Lu Ain-Zaila	(R)Evolução. Duologia Afro-Brasil, vol. 2	2017	Edição do autor	Rio de Janeiro
Machado de Assis	Ressurreição	1872	Garnier	Rio de Janeiro

Autor	Romance	Data	Editora	Local publicação
Machado de Assis	A mão e a luva	1874	Editores Gomes de Oliveira & C., Tipografia do Globo	Rio de Janeiro
Machado de Assis	Helena	1876	Garnier	Rio de Janeiro
Machado de Assis	Iaiá Garcia	1878	G. Viana & C.	Rio de Janeiro
Machado de Assis	Memórias Póstumas de Brás Cubas	1881	Tipografia Nacional	Rio de Janeiro
Machado de Assis	Quincas Borba	1891	Garnier	Rio de Janeiro
Machado de Assis	Dom Casmurro	1899	Garnier	Rio de Janeiro
Machado de Assis	Esaú Jacó	1904	Garnier	Rio de Janeiro
Machado de Assis	Memorial de Aires	1908	Garnier	Rio de Janeiro
Manto Costa	Meu caro Júlio, a face oculta de Julinho da Adelaide	1997	Sette Letras	Rio de Janeiro
Maria Firmina dos Reis	Úrsula: romance original brasileiro	1859	Typographia do Progresso	São Luis
Martinho da Vila	Joana e Joanes – um romance fluminense	1999	ZFM Editora	Rio de Janeiro
Martinho da Vila	Memórias Póstumas de Teresa de Jesus	2003	Ed. Ciência Moderna Ltda.	Rio de Janeiro
Martinho da Vila	Os lusófonos	2006	Ciência Moderna	Rio de Janeiro
Martinho da Vila	Vermelho 17	2007	ZFM Editora	Rio de Janeiro
Martinho da Vila	A Serra do Rola Moça	2009	ZFM Editora	Rio de Janeiro

Autor	Romance	Data	Editora	Local publicação
Michel Yakini	Amanhã quero ser vento	2018	11 Editora	São Paulo
Miriam Alves	Bará na trilha do vento	2015	Ogum's Toques Negros	Salvador
Miriam Alves	Maréia	2019	Malê Editora	Rio de Janeiro
Muniz Sodré	O bicho que chegou à feira	1991	Francisco Alves	Rio de Janeiro
Muniz Sodré	Bola da vez	1994	Notrya	Rio de Janeiro
Nascimento Moraes	Vencidos e degenerados	1915	Centro Cultural Nascimento de Moraes	São Luís
Nei Lopes	Mandingas da mulata velha na cidade nova	2009	Língua Geral	Rio de Janeiro
Nei Lopes	Oiobomé	2010	Agir	Rio de Janeiro
Nei Lopes	Esta árvore dourada que supomos	2011	Babel	São Paulo
Nei Lopes	A lua triste descamba	2012	Pallas	Rio de Janeiro
Nei Lopes	Rio negro, 50	2015	Record	Rio de Janeiro
Nei Lopes	O preto que falava iídiche	2018	Record	Rio de Janeiro
Nei Lopes	Agora serve o coração	2019	Record	Rio de Janeiro
Oswaldo Faustino	A legião negra: a luta dos afro-brasileiros na Revolução Constitucionalista de 1932	2011	Selo Negro	São Paulo
Oswaldo Faustino	A luz de Luiz: por uma terra sem reis e sem escravos	2015	Córrego	São Paulo
Paulo Lins	Cidade de Deus	1997	Companhia das Letras	São Paulo

Autor	Romance	Data	Editora	Local publicação
Paulo Lins	Desde que o samba é samba	2012	Planeta	São Paulo
Ramatis Jacino	O Justiceiro	1992	Dandara Gráfica Editora	São Paulo
Raul Astolfo Marques	A nova aurora	1913	Tipografia Teixeira	São Luis
Raymundo de Souza Dantas	Sete Palmos de Terra	1944	Editora Vitória	Rio de Janeiro
Raymundo de Souza Dantas	Solidão nos campos	1949	Editora Globo	Rio de Janeiro
Romeu Crusoé	A maldição de Canaan	1951	Irmãos di Giorgio	Rio de Janeiro
Ruth Guimarães	Água funda	1946	Edição da Livraria do Globo	Porto Alegre
Valdomiro Martins	O duque da senzala	2019	Bestiário	Porto Alegre

TABELA GERAL – NÃO FICÇÃO

Autor	Obra	Data	Editora	Local publicação	Assunto
Abdias Nascimento	O genocídio do negro brasileiro	1978	Paz e Terra	Rio de Janeiro	sociologia
Abdias Nascimento	O quilombismo: documentos de uma militância	1980	Vozes	Petrópolis	ensaio
Abdias Nascimento	Sitiado em Lagos: autodefesa de um negro	1981	Nova Fronteira	Rio de Janeiro	biografia
Abdias Nascimento	O negro revoltado	1982	Nova Fronteira	Rio de Janeiro	ensaio
Abdias Nascimento	Combate ao racismo: discursos e projetos	1983	Câmara dos Deputados	Brasília	discursos
Abdias Nascimento	Orixás: os deuses vivos da África	1995	IPEAFRO	Rio de Janeiro	religião
Abdias Nascimento	O Brasil na mira do pan-africanismo	2002	EDUFBA/ CEAO	Salvador	ensaio
Aciomar de Oliveira	Entre o dilema e o silenciamento: etnicidade, memórias e poder de Lima Barreto e João do Rio	2017	Poesias Escolhidas Editora	Belo Horizonte	crítica literária
Allan da Rosa	Pedagoginga, autonomia e mocambagem	2017	Aeroplano	Rio de Janeiro	educação
Alzira dos Santos Rufino	Articulando	1987	Edição da autora	Santos	ensaio

Autor	Obra	Data	Editora	Local publicação	Assunto
Alzira dos Santos Rufino	Mulher negra, uma perspectiva histórica	1987	Edição da autora	Santos	historiografia
Alzira dos Santos Rufino	O poder muda de mãos, não de cor	1996	Edição da autora	Santos	ensaio
Anelito de Oliveira	A aurora das dobras: introdução à barroquidade poética de Affonso Ávila	2013	Inmensa	Montes Claros	crítica literária
Arlindo Veiga dos Santos	Contra a corrente	1931	Pátria Nova	São Paulo	escritos políticos
Arlindo Veiga dos Santos	Para a ordem nova	1933	Pátria Nova	São Paulo	ensaio
Arlindo Veiga dos Santos	As raízes históricas do patrianovismo	1946	Edição do autor	São Paulo	historiografia
Arlindo Veiga dos Santos	Filosofia política de Santo Tomás de Aquino	1954	Bushatoky	São Paulo	filosofia
Arlindo Veiga dos Santos	Vária matéria	1963	Pátria Nova	São Paulo	ensaio
Arlindo Veiga dos Santos	Idéias que marcham no silêncio	s/d	Pátria Nova	São Paulo	ensaio
Arlindo Veiga dos Santos	Sentimentos da fé e do império	s/d	Linográfica	São Paulo	ensaio
Arlindo Veiga dos Santos	Sentimentos da fé e do império	s/d	Linográfica	São Paulo	ensaio

Autor	Obra	Data	Editora	Local publicação	Assunto
Conceição Evaristo	A literatura negra	2007	CEAP	Rio de Janeiro	crítica literária
Cuti	A consciência do impacto nas obras de Cruz e Souza e Lima Barreto	2009	Autêntica	Belo Horizonte	crítica literária
Cuti	Literatura negro-brasileira	2010	Selo Negro	São Paulo	crítica literária
Cuti	Lima Barreto	2011	Selo Negro	São Paulo	biografia
Cuti	Quem tem medo da palavra negro	2012	Mazza	Belo Horizonte	ensaio
Cyana Leahy-Dios	Educação literária como metáfora social	2004	Martins Fontes	São Paulo	educação
Cyana Leahy-Dios	O leitor e o leitor integral	2006	Autêntica	Belo Horizonte	crítica literária
Domício Proença Filho	Português	1969	Liceu	Rio de Janeiro	didático
Domício Proença Filho	Português e literatura	1974	Liceu	Rio de Janeiro	didático
Domício Proença Filho	Língua portuguesa, literatura nacional e a reforma do ensino	1974	Liceu	Rio de Janeiro	didático
Domício Proença Filho	Estilos de época na literatura	1978	Ática	São Paulo	paradidático
Domício Proença Filho	Comunicação em português	1979	Ática	São Paulo	didático

Autor	Obra	Data	Editora	Local publicação	Assunto
Domício Proença Filho	A linguagem literária	1986	Ática	São Paulo	paradidático
Domício Proença Filho	Pós-modernismo e literatura	1988	Ática	São Paulo	paradidático
Domício Proença Filho	Estórias da mitologia 1	2000	Global Editora	São Paulo	paraidático
Domício Proença Filho	Estórias da mitologia 2	2000	Global Editora	São Paulo	paradidático
Domício Proença Filho	Estórias da mitologia 3	2000	Global Editora	São Paulo	paradidático
Domício Proença Filho	Noções de gramática da língua portuguesa em tom de conversa	2003	Editora do Brasil	São Paulo	paradidático
Domício Proença Filho	Por dentro das palavras da nossa língua portuguesa	2003	Record	Rio de Janeiro	paradidático
Domício Proença Filho	Língua portuguesa, comunicação, cultura	2004	Editora do Brasil	São Paulo	didático
Domício Proença Filho	Nova ortografia da língua portuguesa: guia prático	2009	Editora do Brasil	Rio de Janeiro	guia
Domício Proença Filho	Nova ortografia: manual de consulta	2013	Record	Rio de Janeiro	manual de consulta

Autor	Obra	Data	Editora	Local publicação	Assunto
Domício Proença Filho	Muitas línguas, uma língua: trajetória do português brasileiro	2017	José Olympio	Rio de Janeiro	paradidático
Edimilson de Almeida Pereira	Loas a Surundunga: subsídios sobre o congado para estudantes do ensino médio e fundamental	2005	Franco Editora	Juiz de Fora	paradidático
Edimilson de Almeida Pereira	Os tambores estão frios: herança cultural e sincretismo religioso no ritual de Candomblé	2005	Mazza / FINALFA	Belo Horizonte / JF	ensaio
Edimilson de Almeida Pereira	Malungos na escola: questões sobre culturas afro-descendentes e educação	2007	Paulinas	São Paulo	educação
Edimilson de Almeida Pereira	Entre Orfe(x)u e Exunouveau: análise de uma estética de base diaspórica na literatura brasileira	2017	Azougue	Rio de Janeiro	crítica literária

Autor	Obra	Data	Editora	Local publicação	Assunto
Edimilson de Almeida Pereira	A saliva da fala: notas sobre a poética banto-católica no Brasil	2017	Azougue	Rio de Janeiro	ensaio
Eduardo de Oliveira	A cólera dos generosos: retrato da luta do negro para o negro	1988	Meca	São Paulo	ensaio
Eduardo de Oliveira	Quem é quem na negritude brasileira?	1988	Congresso Nacional Afro-Brasileiro	São Paulo	biografia
Elaine Marcelina	Mulheres incríveis	2008	Editora Abrace Um Aluno Escritor	Rio de Janeiro	biografia
Elaine Marcelina	Mãe Regina Bangbose: uma vida dedicada ao sagrado	2015	Naiara	Rio de Janeiro	biografia
Elio Ferreira	Poesia negra: Solano Trindade e Langston Hughes	2017	Appris Editora	Curitiba	crítica literária
Fernando Góes	Panorama da poesia brasileira: o simbolismo	1958	Civilização Brasileira	Rio de Janeiro	crítica literária
Fernando Góes	Panorama da poesia brasileira: o pré-modernismo	1960	Civilização Brasileira	Rio de Janeiro	crítica literária

Autor	Obra	Data	Editora	Local publicação	Assunto
Fernando Góes	O espelho infiel	1967	Conselho Estadual de Cultura	São Paulo	ensaio
Fernando Góes	A vida comovida	1977	Revista dos Tribunais (Reuters)	São Paulo	indefinido
Fernando Góes	José Geraldo Vieira no quadragésimo ano de sua ficção	1979	SCCT	São Paulo	crítica literária
Henrique Cunha Jr.	Textos para o movimento negro	1992	EDICON	São Paulo	ensaio
Henrique Cunha Jr.	Tecnologia africana na formação brasileira	2010	Espalhafato Comunicação	Rio de Janeiro	ciências
Inaldete Pinheiro de Andrade	Racismo e anti-racismo na literatura infanto-juvenil	2001	Etnia Produção Editorial	Recife	crítica literária
Jaime Sodré	Manuel Querino: um herói da raça e classe	2001	Edição do autor	Salvador	biografia
Jaime Sodré	A influência da religião afro-brasileira na obra escultórica de Mestre Didi	2006	EDUFBA	Salvador	ensaio
Joel Rufino dos Santos	O Renascimento, a Reforma e a Guerra dos Trinta Anos	1970	JCM	São Paulo	historiografia

Autor	Obra	Data	Editora	Local publicação	Assunto
Joel Rufino dos Santos	República: campanha e proclamação	1970	JCM	São Paulo	historiografia
Joel Rufino dos Santos	O dia em que o povo ganhou	1979	Civilização Brasileira	Rio de Janeiro	historiografia
Joel Rufino dos Santos	História política do futebol brasileiro	1981	Brasiliense	São Paulo	historiografia
Joel Rufino dos Santos	O que é racismo	1982	Brasiliense	São Paulo	ensaio
Joel Rufino dos Santos	Zumbi	1985	Moderna	São Paulo	biografia
Joel Rufino dos Santos	Constituições de ontem, constituinte de hoje	1987	Ática	São Paulo	paradidático
Joel Rufino dos Santos	Abolição	1988	Record	Rio de Janeiro	historiografia
Joel Rufino dos Santos	Paulo e Virgínia: o literário e o esotérico no Brasil atual	2001	Rocco	Rio de Janeiro	ensaio
Joel Rufino dos Santos	Épuras do social: como podem os intelectuais trabalhar para os pobres	2004	Global Editora	São Paulo	ensaio
Joel Rufino dos Santos	Quem ama literatura não estuda literatura	2008	Rocco	Rio de Janeiro	ensaio

Autor	Obra	Data	Editora	Local publicação	Assunto
Joel Rufino dos Santos	Assim foi se me parece: livros, polêmicas e algumas memórias	2008	Rocco	Rio de Janeiro	memórias
Joel Rufino dos Santos	Carolina Maria de Jesus: uma escritora improvável	2009	Garamond	Rio de Janeiro	biografia
Jônatas Conceição	Reflexões para o ensino de Português para a escola comunitária	1992	Centro de Educação e Cultura Popular	Salvador	ensaio
José Endoença Martins	Sexualidade e amor numa terra só de mulheres: sexualidade, gênero e raça	1995	Florianópolis	Florianópolis	ensaio
José Endoença Martins	O gênero na literatura blumenauense	2000	Letra Viva	Blumenau	ensaio
José Endoença Martins	Pós-negro: negrice, negritude, negritice e os estudos da ficção de Toni Morrison	2010	Nova Letra	Blumenau	ensaio
Júlio Romão da Silva	Geonomásticos cariocas de procedência indígena	1961	Sec. Estado da Educação e Cultura	Rio de Janeiro	historiografia

Autor	Obra	Data	Editora	Local publicação	Assunto
Júlio Romão da Silva	Denominações indígenas na toponímia carioca	1966	Brasiliana	Rio de Janeiro	historiografia
Lepê Correia	Curandeiros e canoeiros: resistência negro-urbana em Pernambuco – Século xix	2006	Funcultura	Recife	historiografia
Lima Barreto	Diário íntimo	1953	Mérito	São Paulo	memórias
Lima Barreto	O cemitério dos vivos	1956	Brasiliense	São Paulo	memórias
Lima Barreto	Impressões da Leitura	1956	Brasiliense	São Paulo	ensaio
Lino Guedes	Luis Gama e sua individualidade literária	1924	Edição do autor	São Paulo	ensaio
Lourdes Teodoro	Fricote: swing	1986	Thesaurus	Brasília	ensaio
Lourdes Teodoro	Modernisme brésilien et negritude antillaise: Mario de Andrade et Aimé Césaire	1999	Éditions L'Harmattan	Paris	crítica literária
Lourdes Teodoro	Negritude e modernismo: raça e identidade cultiral	Sem data	Sem editora	Sem local	crítica literária

Autor	Obra	Data	Editora	Local publicação	Assunto
Mestre Didi	Yorubá tal qual se fala: dicionário-vocabulário iorubá e português	1946	Editora e Livraria Moderna	Salvador	dicionário
Mestre Didi	Axé Opó Afonjá: história de um terreiro nagô	1962	Inst. Bras. de Estudos Afro-Asiáticos	Rio de Janeiro	historiografia
Mestre Didi	Mito da Criação do Mundo	1988	Massangana	Recife	religião
Mestre Didi	Ajaka	1990	SECNEB	Salvador	religião
Mestre Didi	Por que Oxalá usa ekodidé	1997	Pallas	Rio de Janeiro	religião
Miriam Alves	BrasilAfro autorrevelado: literatura brasileira contemporânea	2010	Nandyala	Belo Horizonte	crítica literária
Muniz Sodré	Ficção do tempo: análise da narrativa de ficção científica	1973	Vozes	Rio de Janeiro	ensaio
Muniz Sodré	Samba: o dono do corpo	1979	CODECRI	Rio de Janeiro	ensaio
Muniz Sodré	O monopólio da fala	1982	Vozes	Rio de Janeiro	comunicação social

Autor	Obra	Data	Editora	Local publicação	Assunto
Muniz Sodré	A comunicação do grotesco: introdução à cultura de massa no Brasil	1983	Vozes	Rio de Janeiro	comunicação social
Muniz Sodré	A verdade seduzida	1983	CODECRI	Rio de Janeiro	comunicação social
Muniz Sodré	Best-seller: a literatura de mercado	1985	Ática	Rio de Janeiro	crítica literária
Muniz Sodré	A reportagem como gênero jornalístico	1986	Summus	Rio de Janeiro	comunicação social
Muniz Sodré	Televisão e psicanálise	1987	Ática	Rio de Janeiro	comunicação social
Muniz Sodré	O terreiro e a cidade: a formação social negro-brasileiro	1988	Vozes	Petrópolis	sociologia
Muniz Sodré	Rede imaginária: televisão e democracia	1991	Companhia das Letras	São Paulo	comunicação social
Muniz Sodré	O Brasil simulado e o real: ensaios sobre o quotidiano nacional	1991	Rio Fundo	Rio de Janeiro	sociologia
Muniz Sodré	A máquina de Narciso	1992	Cortez	Rio de Janeiro	comunicação social

Autor	Obra	Data	Editora	Local publicação	Assunto
Muniz Sodré	O social irradiado: violência urbana, neogrotesco e mídia	1992	Cortez	Rio de Janeiro	comunicação social
Muniz Sodré	Reinventando a cultura: a comunicação e seus produtos	1997	Vozes	Rio de Janeiro	comunicação social
Muniz Sodré	Anatomia da crise	1998	Revan	Rio de Janeiro	sociologia
Muniz Sodré	Direitos Humanos no cotidiano	1998	SNDH-USP	São Paulo	sociologia
Muniz Sodré	La citta e il tempi	1998	Settimo Sigillo	Roma	sociologia
Muniz Sodré	Claros e escuros	1999	Vozes	Rio de Janeiro	comunicação social
Muniz Sodré	Multiculturalismo	1999	Vozes	Rio de Janeiro	sociologia
Muniz Sodré	Antropológica do espelho: uma teoria da comunicação linear e em rede	2002	Vozes	Petrópolis	comunicação social
Muniz Sodré	Corpo de mandinga	2002	Manati	São Paulo	biografia
Muniz Sodré	Sociedade, mídia e violência	2002	Sulina/Edipucrs	Porto Alegre	comunicação social
Muniz Sodré	As estratégias sensíveis: afeto, mídia e política	2006	Vozes	Petrópolis	comunicação social

Autor	Obra	Data	Editora	Local publicação	Assunto
Muniz Sodré	A narração do fato: notas para uma teoria do acontecimento	2009	Vozes	Petrópolis	comunicação social
Muniz Sodré	Reinventando a educação: diversidade, descolonização e redes	2009	Vozes	Petrópolis	educação
Muniz Sodré	A ciência do comum: notas para o método comunicacional	2014	Vozes	Petrópolis	comunicação social
Muniz Sodré	Pensar nagô	2017	Vozes	Rio de Janeiro	filosofia
Nei Lopes	O samba na realidade: a utopia da ascensão social do sambista	1981	Codecri	Rio de Janeiro	ensaio
Nei Lopes	Bantos, malês e identidade negra	1981	Forense Universitária	Rio de Janeiro	historiografia
Nei Lopes	O negro no Rio de Janeiro e sua tradição musical	1992	Pallas	Rio de Janeiro	música
Nei Lopes	Dicionário banto do Brasil	1996	Secretaria Municipal de Cultura	Rio de Janeiro	dicionário
Nei Lopes	Zé Kéti, o samba sem senhor	2000	Relume-Dumará	Rio de Janeiro	biografia

Autor	Obra	Data	Editora	Local publicação	Assunto
Nei Lopes	Logunedé: santo menino que velho respeita	2002	Pallas	Rio de Janeiro	religião
Nei Lopes	Novo dicionário Banto do Brasil	2003	Pallas	Rio de Janeiro	dicionário
Nei Lopes	Enciclopédia brasileira da diáspora africana	2004	Selo Negro	São Paulo	enciclopédia
Nei Lopes	Kitábu: o livro do saber e do espírito negro-africanos	2004	SENAC	Rio de Janeiro	religião
Nei Lopes	Partido-alto, samba de bamba	2005	Pallas	Rio de Janeiro	música
Nei Lopes	Dicionário escolar afro-brasileiro	2006	Selo Negro	São Paulo	dicionário
Nei Lopes	O racismo explicado aos meus filhos	2007	Agir	São Paulo	sociologia
Nei Lopes	Dicionário literário afro-brasileiro	2007	Pallas	Rio de Janeiro	dicionário
Nei Lopes	História e cultura africana e afro-brasileira	2008	Planeta	São Paulo	paradidático
Nei Lopes	Dicionário da antiguidade africana	2011	Civilização Brasileira	Rio de Janeiro	dicionário
Nei Lopes	Dicionário da hinterlândia carioca	2011	Pallas	Rio de Janeiro	dicionário

Autor	Obra	Data	Editora	Local publicação	Assunto
Nei Lopes	Afro-Brasil reluzente: 100 personalidades notáveis do século XX	2019	Nova Fronteira	Rio de Janeiro	biografia
Nilma Lino Gomes	A mulher negra que vi de perto: a construção da identidade racial de professoras negras	1995	Mazza	Belo Horizonte	educação
Nilma Lino Gomes	Sem perder a raiz: corpo e cabelo como símbolos da identidade negra	2006	Autêntica	Belo Horizonte	educação
Nilma Lino Gomes	O movimento negro educador	2017	Vozes	Petrópolis	educação
Oswaldo de Camargo	O negro escrito: apontamentos sobre a presença do negro na literatura brasileira	1987	Secretaria de Estado da Cultura	São Paulo	ensaio
Oswaldo de Camargo	Solano Trindade, poeta do povo: aproximações	2009	C/Arte Editora USP	São Paulo	biografia
Oswaldo de Camargo	Lino Guedes: seu tempo e seu perfil	2016	Ciclo Contínuo	São Paulo	ensaio

Autor	Obra	Data	Editora	Local publicação	Assunto
Oswaldo Faustino	Nei Lopes	2009	Selo Negro	São Paulo	biografia
Patrícia Santana	Professoras negras, histórias e travessia	2004	Mazza	Belo Horizonte	educação
Ramatis Jacino	Histórico de uma candidatura operária	1987	Edição do autor	São Paulo	biografia
Ramatis Jacino	O movimento sindical e a questão racial	1988	Neferiti	São Paulo	historiografia
Ramatis Jacino	O branqueamento no trabalho	2009	Neferiti	São Paulo	ensaio
Ramatis Jacino	Transição e exclusão: o negro no mercado de trabalho em São Paulo pós-abolição 1912/1920	2015	Neferiti	São Paulo	historiografia
Raul Astolfo Mraques	De São Luis a Teresina	1906	Edição do autor	São Luís	narrativa de viagem
Renato Noguera	Aprendendo a ensinar: uma introdução aos fundamentos filosóficos da educação	2009	Editora Curitiba	Curitiba	educação
Renato Noguera	O ensino de filosofia e a Lei 10639	2014	Pallas	Rio de Janeiro	educação

Autor	Obra	Data	Editora	Local publicação	Assunto
Renato Noguera	Mulheres e deusas: como as divindades e os mitos femininos formaram a mulher atual	2018	Harper Collins	Rio de Janeiro	ensaio
Ricardo Dias	Memória da cultura negra em Osasco	1985	ComArte	São Paulo	memórias
Ronald Augusto	Decupagens assim	2012	Letras Contemporâneas	Florianópolis	ensaio
Ruth Guimarães	Mulheres célebres	1960	Cultrix	São Paulo	biografia
Ruth Guimarães	As mães na lenda e na História	1960	Cultrix	São Paulo	folclore
Ruth Guimarães	Líderes religiosos	1961	Cultrix	São Paulo	biografia
Ruth Guimarães	Lendas e fábulas do Brasil	1972	Cultrix	São Paulo	folclore
Ruth Guimarães	Dicionário de mitologia grega	1972	Cultrix	São Paulo	dicionário
Ruth Guimarães	O mundo caboclo de Valdomiro Silveira	1974	José Olympio/ Sec. Cult. SP/INL	Rio de Janeiro	folclore
Ruth Guimarães	Grandes enigmas da História	1975	Cultrix	São Paulo	historiografia
Ruth Guimarães	Medicina mágica: as simpatias	1986	Global Editora	São Paulo	folclore

Autor	Obra	Data	Editora	Local publicação	Assunto
Ruth Guimarães	Calidoscópio: a saga de Pedro Malazarte	2006	JAC Editora	S. José dos Campos	folclore
Ruth Guimarães	Histórias de Onça	2008	Usina de Ideias Editora	S. José dos Campos	folclore
Ruth Guimarães	Histórias de Jabuti	2008	Usina de Ideias Editora	S. Bernardo do Campo	folclore
Ubiratan Castro de Araújo	Salvador era assim: memórias da cidade	1999	Inst. Geográfico e Histórico da Bahia	Salvador	memórias
Ubiratan Castro de Araújo	Leituras da Bahia I	2000	Sup. Est. Econ. e Sociais da Bahia	Salvador	estudos sociais
Ubiratan Castro de Araújo	A guerra da Bahia	2001	CEAO/ EDUFBA	Salvador	historiografia

TIPOS	Arno Pro (textos) Stratos (títulos)
PAPÉIS	Cartão 250 g/m² (capa) Pólen Bold 90 g/m² (miolo)
IMPRESSÃO	Renovagraf